绩效改进商业画布

理念、工具和技巧实践指南

王志刚·著

電子工業出版社
Publishing House of Electronics Industry
北京·BEIJING

图书在版编目（CIP）数据

绩效改进商业画布：理念、工具和技巧实践指南 / 王志刚著. —北京：电子工业出版社，2021.1

ISBN 978-7-121-40307-1

Ⅰ. ①绩… Ⅱ. ①王… Ⅲ. ①企业绩效－指南 Ⅳ.①F272.5-62

中国版本图书馆 CIP 数据核字（2020）第 266448 号

责任编辑：杨洪军　　　特约编辑：田学清
印　　刷：天津千鹤文化传播有限公司
装　　订：天津千鹤文化传播有限公司
出版发行：电子工业出版社
　　　　　北京市海淀区万寿路 173 信箱　　　邮编 100036
开　　本：720×1000　1/16　印张：15.25　字数：218 千字
版　　次：2021 年 1 月第 1 版
印　　次：2021 年 1 月第 1 次印刷
定　　价：68.00 元

凡所购买电子工业出版社图书有缺损问题，请向购买书店调换。若书店售缺，请与本社发行部联系，联系及邮购电话：（010）88254888，88258888。

质量投诉请发邮件至 zlts@phei.com.cn，盗版侵权举报请发邮件至 dbqq@phei.com.cn。

本书咨询联系方式：（010）88254199，sjb@phei.com.cn。

前言

世界总是在不经意间创造机缘。

2013年，我因骨折在家休养了3个月，百无聊赖中读了一本书，让我从此与绩效改进结下了不解之缘。这本书是国际绩效改进领域专家达琳·提姆博士等3位学者［都是国际注册绩效改进顾问（CPT）］撰写的，名为《绩效改进基础》（第3版），它被业界称为绩效改进"圣经"，是目前绩效改进领域可以找到的较为完整、全面的信息资源之一。但当时我刚接触绩效改进，感觉里面的信息量如同汪洋大海，3个月的时间我只学习到其"形"，并没有理解其"神"。不过，这本书让我对绩效改进领域的内容产生了浓厚兴趣，并对其持续关注。

2014年，国际绩效改进协会（ISPI）前任主席、《绩效改进》期刊前任主编哈罗德·斯托洛维奇的畅销著作《从培训专家到绩效顾问》在国内出版。由于我对绩效改进有了一些了解，因此在精读完这本书后，我受到了很大的启发。我对在培训中遇到的疑难问题，如怎样评价培训的价值，有了全新的思考。更为重要的是，这本书让我跳出培训的视角来看培训，使我受益良多。

此后，我开始深入学习绩效改进领域的相关内容。我不仅读完了国内所有相关著作，还阅读了大量英文版绩效改进相关书籍和文章，并尝试翻译了一些著作。同时，我将自己的所学在中国一些组织内进行实践，开发适合中国组织学习的绩效改进课程和更具中国化的绩效改进方法和工具。

经过这些年的学习和实践，我越发感觉到绩效改进方法论的有效和神奇，我多次迫不及待地向我的朋友们推荐它。令人意想不到的是，有些人觉得绩效改进方法论很好，但太难了，因此产生了畏惧情绪；有些人觉得绩效改进是源于国外的理论体系，他们对于是否能将它在中国组织内有效落地表示怀疑；甚至有些人把绩效改进等同于绩效管理，认为这是人力资源部门的工作。从他们的反馈中我意识到，大家对绩效改进方法论还存在一些误解，并一致地希望看到适合中国组织的、能够更好落地和应用的绩效改进方法论，这是我撰写本书的初衷之一。

被誉为“绩效改进技术之父”的托马斯·吉尔伯特，在其《人的能力》一书中提到，一个好的理论有 3 个方面的特点——简约、系统和实用。为了让本书具有这 3 个方面的特点，在撰写本书时，我给本书的风格确定了 3 个主要方向。

1. 简单易懂

希望本书既可以作为初学绩效改进从业者的理论学习材料和工具书，也可以作为资深绩效改进从业者的工作指南。不仅从事与人力资源相关工作的人士和职业培训师可以学习和使用本书，公司的管理者（特别是高层管理者）和业务专家，也可以从本书中收获知识、工具和方法。

只要接触过绩效改进，就会知道学习绩效改进有一个“幸福的烦恼”，即绩效改进领域的模型、工具和方法非常多，令人眼花缭乱。那么，哪些更适合中国组织或个人学习呢？我进行了较多的实践和研究，想给读者呈现的是简单易懂且易上手的内容。

因此，本书中的所有方法和工具，都是从大量已有的国外方法和工具中挑选出来的，并在国内绩效改进领域得到验证和优化。有些方法和工具保留了“原汁原味”，但厘清了适用场景和具体绩效改进的阶段；而有些方法和工具则进行了优化或简化，以便读者更容易理解和使用。

2. 视觉化表达

如果能用一页纸结构化地呈现某件事情，将会极大地提高研讨的效果。日本导演黑泽明说过："我必须寻找一种表达途径，因为大部分真实情况很难通过'说'来完成。"我们面对的事情往往都比较复杂，很难只用语言来说清楚，也可能是事情本身杂乱无章，让人生出"不识庐山真面目，只缘身在此山中"之感。然而，用视觉化的方式将事情呈现出来，可以让人用不同的视角去看待同样的问题，使我们的思考更为系统化。

视觉化表达更符合人性，人性是喜欢简单的，我们天生喜欢看生动的画面而不是枯燥的文字，理性逻辑用多了反而比较容易疲倦，特别是在解决棘手问题时。这就好比将个人计算机的 DOS 系统转化为 Windows 系统，原来需要专业人员或非专业人员花费大量时间来学习，而通过 Windows 系统这样"所见即所得"的视觉化表达方式，普通人不需要学习那么高深的理论就可以使用计算机。

我希望带给读者一段视觉化的旅程。通过阅读本书，读者既可以使用一张画布系统地呈现绩效改进问题、视觉化地解决绩效改进问题，又可以视觉化地发现机会或预防潜在问题。

3. 高效产出

首先，本书可以帮助读者缩短研讨时间，做到高效研讨。

在我的经历中，运用绩效改进商业画布这个框架，与业务部门一起，我们最快用了一小时就发现了真正的问题，并清楚地知道解决方案是什么。大部分的组织都能够在两天的绩效改进工作坊时间内，发现关键差距，找到根本原因，确定有效的解决方案，并推动后续方案的落地。

其次，本书可以帮助读者更容易在内部达成共识，有效推动解决方案的落地。

鲍勃·派克在《重构学习体验》一书中提到，人不和自己的数据打架。意思是如果让大家参与进来，一起研讨一起得出结论，人就容易认同自己研讨和最终确定的内容。

《优势》的作者帕特里克·兰西奥尼更是将达成共识细化为两个步骤：首先是认同，即获得忠实的、情感方面的支持；其次是厘清，即消除假设和误解。而绩效改进商业画布的结构化研讨，完全可以实现这两个步骤。

最后，本书可以帮助读者解决真实的问题。

绩效改进商业画布不仅可以解决真实的问题，类似中医里的“望闻问切”，还可以找到真正的“病症”在哪里，并且可以发现潜在的威胁——“治未病”（采取相应的措施，防止疾病的发生）。当然，解决当前亟待解决的真实问题，是最为关键也是最为迫切的。

绩效改进商业画布真正的价值，在于从发现真正的问题到解决真实的问题，再到预防可能发生的问题，系统地解决与企业业务结果或流程效率相关的问题。这是我们孜孜以求、不断为之努力的方向。希望读者读完本书后，能够得到更多有用、更有价值的收获，能够引发更多的思考；也希望绩效改进这颗“明珠”，能够因为你我，让这个世界变得更加璀璨夺目。

本书的结构和如何使用本书

本书的结构

绩效改进商业画布由 8 个子画布组成。

绩效改进商业画布

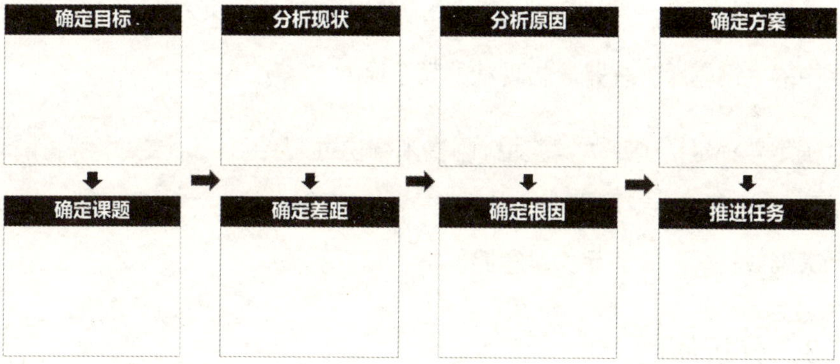

1．确定目标

确定目标包括两个子画布：确定目标和确定课题。

目标是期望达到的成果，是通过视觉化的引导最终确定的。我们要理解个人目标是否与部门目标或组织目标一致，我们工作的目的或意义是什么。最终确定的目标应当符合 SMART 原则（S——Specific，具体的；M——Measurable，可衡量的；A——Attainable，可达到的；R——Relevant，相关的；T——Time-bound，有时限的）。

课题是实现目标的探究过程。如果关注的目标众多，我们可以通过一些方法来确定聚焦的课题，这个课题应当是上下同欲的，也是当前大家最希望解决的。

2. 分析现状

在确定目标之后，就需要根据目标来分析现状，从而找到目标与现状之间的关键差距。

分析现状包括两个子画布：分析现状和确定差距。

分析现状是通过将真实的现状数据与期望目标进行对比，来寻找现状与目标之间的差距。当然，在真实的场景中，仅仅确定差距还不够，只有确定众多差距中的关键差距，才是分析现状的真正目的。

确定差距是指确定关键差距。阿基米德说过："给我一个支点，我将撬动整个地球。"关键差距就是那个支点，也是我一直强调的绩效杠杆。因此，在本书中用"绩效杠杆"来表示关键差距。

3. 分析原因

在分析出关键差距（绩效杠杆）之后，需要分析产生关键差距的原因，并识别真正原因，最终确定根本原因。

分析原因包括两个子画布：分析原因和确定根因。

分析原因是非常重要的一步，主要分析产生关键差距的原因。我们找到的很多原因都不是真原因。例如，我们经常听到造成员工流失率高的原因是企业薪酬太低，而即使薪酬高的企业依然有人离职，这就意味着“薪酬太低，造成员工流失”可能是一个假原因。因此，我们只有通过科学的分析，找到真正的原因，才能解决真正的问题。

确定根因可以从根本上解决问题。但只找到问题发生的真原因还不够，还需要识别哪些是表面原因，哪些是根本原因。

4．确定方案

在分析了根本原因之后，针对具体的原因，确定正确且适合的解决方案，并对解决方案进行任务分解，使方案真正落地。

确定方案包括两个子画布：确定方案和推进任务。

确定方案即确定解决方案。本书将解决方案等同于绩效改进中的专业术语“干预措施”。解决方案不仅包括解决现实的难题，也包括发现潜在的风险或机会，建立持续的预防机制，避免问题再次发生。同时，由于绩效改进项目本质上是一个变革项目，因此在确定解决方案的同时，还要关注关键群体，分析其可能产生的抗拒行为，从而更有针对性地解决问题。

推进任务是对解决方案的任务分解，通常使用“甘特图”进行视觉化的呈现，并使用项目管理中的一些技巧进行推进。例如，使用工作分解结构（Work Breakdown Structure，WBS）将任务按阶段可交付成果分解成较小的、更易于管理的组成部分。

在本书的尾声部分，我用一个绩效改进商业画布的真实案例帮助大家更好地理解本书的内容，希望对大家有所帮助。

本书除第 1 篇和第 6 篇外，每一章都使用“核心概念—应用工具—引导技巧”的结构编排。这遵循了《高效能人士的七个习惯》的作者史蒂芬·柯维的“观（思维）—为（实践）—得（结果）”的思维逻辑。史蒂芬·柯维认为结果的产生是由我们的行为决定的，而决定我们如何行动的，是我们的思维，他将其定义为“思维模式”。同时，史蒂芬·柯维认为，如果我们想有小的改变，就从行为开始，但如果想有大的改变，就从思维开始。

因此，本书的每一章（除第 1 篇和第 6 篇外）都首先从思维心智（核心概念）方面进行阐述，然后根据核心概念提供有针对性的应用工具，最后提供在引导绩效改进商业画布工作坊时需要的关键引导技巧，以使绩效改进的每一个子画布都能够落地，从而视觉化地为组织创造价值，为个人赋能。

本书设置了大量的练习，以帮助读者理解所学的知识，并能在真实的环境中运用。同时，本书也提供了每个练习的参考答案。建议读者先自己做题，再对照答案来思考，这种方式可以帮助读者更深刻地理解所学知识、更快地应用所学知识。

每一章的最后设置了复习回顾，以及一些小问题，并对每个问题进行了解释，以帮助读者将短期记忆慢慢转化为长期记忆。最后，我想说的是，学习的目的并不是记忆，而是改变。

如何使用本书

学习是循序渐进的过程。因此，关于如何使用本书，我的建议如下。

1. 自己动手，画出各个子画布

本书最大的特点是视觉化表达。中国有句俗话：“好记性不如烂笔头。”所以，建议读者自己动手画出书中的每一个画布，从而对本书的知识点有更为深刻的理解。如果能按照绩效改进商业画布的逻辑将自己做过的一个实例分析一遍，你就会更有信心，也会更有效率地应用本书的方法和工具。当然，有的读者还喜欢用思维导图或视觉化笔记的方式帮助自己理解。

2. 教是最好的学

将自己所学的内容教授给他人，是最好的学习方式。

记忆和吸收知识的快慢与学习的方式有非常大的关系。美国缅因州的国家训练实验室（NTL）曾经做过一项研究，结论是采用不同的学习方式，学习者在两周之后能够记住的知识是不同的。这项研究表明，将自己所学的内容教授给他人，是吸收效率最高的学习方式。

无独有偶，诺贝尔奖获得者理查德·费曼，提出了“费曼技巧”，被称为“史上最强学习方法”，其核心是通过教别人的方式让自己学会。这种学习方法包括四个具体的步骤。

第一步，选择要学习的概念。拿出一张白纸，在上面写下自己需要深入学习的概念。

第二步，把自己当成老师，想象自己正在给一名对这个概念一窍不通的学生讲解，然后把过程记录下来。在这个过程中，通过对原先不明白的地方进行不断的自我解释，自己也能够厘清。

第三步，碰到难题时，返回去。当遇到难题、感到困惑时，可以重新翻阅资料，想尽一切可以解决问题的办法，直到把问题解决，然后记录下来。

第四步，简单化和比喻。当看到啰唆或晦涩的句子时，要试着用简单直白的语言将其描述出来，或者利用一个比喻更好地、更恰当地理解它。

掌握了“费曼技巧”，就可以让学习更高效。

3. 在组织内用真实的业务做实践

本书的真正目的是帮助读者在组织内运用本书的方法和工具，这就需要使用本书的商业画布框架，将组织内真实的业务作为研讨的课题进行实践和探索。如何更好地在组织内实践？我的建议如下。

1）对本书的内容烂熟于心

在组织内用真实的业务做实践，不仅要理解本书的核心内容、方法和工具，而且要灵活应用，这样才能克服在实践过程中遇到的各种困难。

2）选取小的业务问题来实践

绩效改进商业画布的应用范围是非常广泛的，但对刚接触它的实践者来说，驾驭一个大的业务问题是有较大挑战性的，因此建议选取一个小的业务问题来实践，如单店的一个流程改进，或者一个业务工具的改进等。

3）小范围试点，降低风险

绩效改进本质上是一个变革项目，而人们对于未知的变化会有天然的抗拒。绩效改进的思维之一是“不考验人性”。因此，可以在自己可控的小范围内进行试点，不断优化，减少后续持续推进绩效改进的阻力，使绩效改进方法论真正地为组织和个人赋能。

目录
CONTENTS

第 1 篇　核心概念

第 1 篇

核心概念

所谓疯狂，就是一遍又一遍地做同样的事情，却期待有不同的结果。

——阿尔伯特·爱因斯坦

导言　为什么使用视觉化表达

在开始介绍正文内容之前，我们先做一个小测试，这个测试来自畅销书《事实》（汉斯·罗斯林等）。请注意，请根据自己的真实想法作答（而不是猜测这个测试的目的），然后分析出可能的正确答案。

如图 0-1 所示，请判断图中横线的长短。

□左图的横线长　□右图的横线长　□左右两图的横线一样长

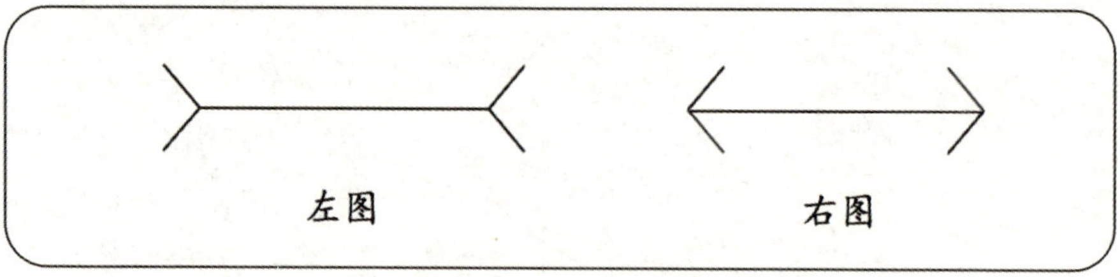

图 0-1　判断横线的长短

我想你已经有了答案。接下来，你最好拿一把尺子，来测量一下左右两图。为了防止大家偷看答案，这个测试的答案写在下一页，请你做完题目后再查看答案。

图中横线的长度具体是多少？左右两图是否有差距？差距是多少？又或者是否一样长？

请将书倒过来查看答案。

> **答案：**
> 左右两图的横线一样长。

这个测试说明什么呢?

眼见未必为实，你看到的未必是事物的全貌。

我们往往通过自己看到的事物来判断事物本身，就像盲人摸象一样，我们看到的仅仅是局部，但往往认为这就是事物的全部。正如《沉思录》中的一句话："所有你听见的都只是观点，而不是事实；所有你看见的都只是视角，而不是真相。"如果按照我们以为的事实去做决策，是不是会有很大的局限性?

是的，世界是系统的，如食物链本身就是一个循环系统，而组织更是系统的，如果我们只解决局部的问题，往往无法真正解决问题。局部问题往往是我们所说的"症状"，如发烧，这是一个症状。如果我们只根据症状给患者开退烧药，可能治标不治本。只有对患者进行全面、系统的检查，找到导致发烧的根本原因，才能将患者真正治好。

视觉化表达可以提供系统化的思考

视觉化表达指的是用视觉化的结构框架呈现思考问题的逻辑、流程、研讨方式等，其本质是通过结构框架，让人们进行深入的思考和分析，以帮助人们系统地看待事物和解决问题。它无关画画或艺术的能力。

结构框架是在视觉化表达的基础上，对系统构成元素及元素之间联系的简化体现。选择、改善或构建框架，以便更快速、更全面、更深入地思考。系统化的思考是一种用框架来思考与表达的思维方式。我们该如何利用框架进行系统化的思考？首先要有结构框架。例如，SWOT 分析框架是分析企业内外部环境，进而掌握企业优势与弱势的框架。首先制作由“好影响、坏影响”“内部环境、外部环境”两个主轴构成的矩阵图，再针对“优势”“劣势”“机会”“威胁”四个象限进行分析。SWOT 分析框架如图 0-2 所示。

	好影响	坏影响
内部环境	S 1. 使用当地新鲜食物 2. 主要提供日式料理，但也能视需要供应法式或意式料理 3. 建筑物落成至今1年，外观与内装都很新 4. 停车场很大 5. 许多客人因口口相传的好口碑而来	W 1. 开店至今尚未满1年，知名度不足 2. 缺乏吸引回头客的措施或制度 3. 翻台率过低 4. 离车站太远 5. 没有与同集团的其他企业合作
外部环境	O 1. 店面所在位置不是住宅区，而是商业区 2. 周边有大学，也有许多婚姻会馆 3. 经常举办联谊或婚友活动 4. 正值日式料理潮流 5. 简约的婚宴可能成为未来主流	T 1. 与婚宴会场合作的聚会增加 2. 接待文化式微 3. 人们的饮食习惯逐渐从外食转为自家下厨 4. 低价位餐厅增加 5. 重视成本的客人逐渐转为选择在连锁店用餐

图 0-2　SWOT 分析框架

绩效改进商业画布也是通过系统的视觉化结构框架进行研讨的，是一种系统化的、全面且直观的视觉化分析框架。当我们运用这个视觉化结构框架来解决问题时，那些我们经常思考不清楚的问题，通过结构框架，就可以被梳理得很清楚。我们甚至可以找到不同的思考角度，包括隐形的关键点或机会，四两拨千斤地解决问题。

下面举一个例子来展示利用视觉化结构框架带来的好处。

我们经常遇到必须“挑出某种选项”的情况。这时候能否一眼看清每个选项的全局情况格外重要，这样既节省时间，又能系统化地思考。将全局概念视觉化，最方便的工具就是矩阵图，最典型的是 2 行×2 列矩阵。

被矩阵分割的区域称为“象限”，如我们在“挑出某种选项”时，用“紧迫性”与“重要性”标准，来检视优先顺序的“紧迫性/重要性矩阵”。它是一款经典的框架，可使紧迫又重要的事项变得明确，因此在讨论该从何处着手时相当有用。

假设你一周内需要做的工作如下。

- 整理办公桌
- 建立长期性的人才招募策略
- 制作文化手册
- 对大客户进行反馈
- 处理重复的问询
- 融资
- 开会将电话铃声调成静音
- 管理人员的人才培养
- 制作通知给相关人士
- 修正测试中软件的 Bug
- 一时兴起的读书活动
- 招聘更多工程师

如果马上让你做出规划，分析一周内优先的工作事项是哪些，你可能需要想一下或纠结一会儿才能做出选择。而且即使做出选择了，也会有“拍脑袋”之感。如果我们用“紧迫性/重要性矩阵”，将相应的工作事项放入矩阵中，是不是特别清晰有效？

视觉化表达不仅可以提供系统化的思考，还可以简化信息，让决策更有效。在真实的组织中，高层管理者做商业决策时，要考虑非常多的因素，如世界格局、外部经济环境、国家政策环境、竞争对手、供应商、客户需求、渠道、资本、人员结构、技术优势、人才等。就算找工作这样相对简单的决策，背后也涉及很多信息，如行业选择、工作地点、薪酬福利、办公环境、加班强度、发展空间、企业文化、团队氛围、能力匹配度等。人是无法同时关注这么多信息的，如果把这些信息视觉化，写到一张纸上，就能一目了然。

“紧迫性/重要性矩阵”示例如图 0-3 所示。

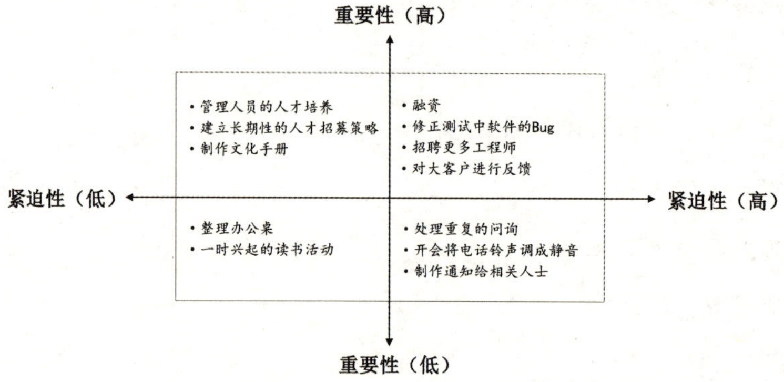

图 0-3 “紧迫性/重要性矩阵”示例

我们来看一个商业案例，这个案例是《商业模式 2.0 图鉴》一书中使用“反制结构”进行的视觉化表达。它通过视觉化表达，可以将如何构建新的商业模式清晰地展示和描述出来。反制结构“我的法国菜”如图 0-4 所示。

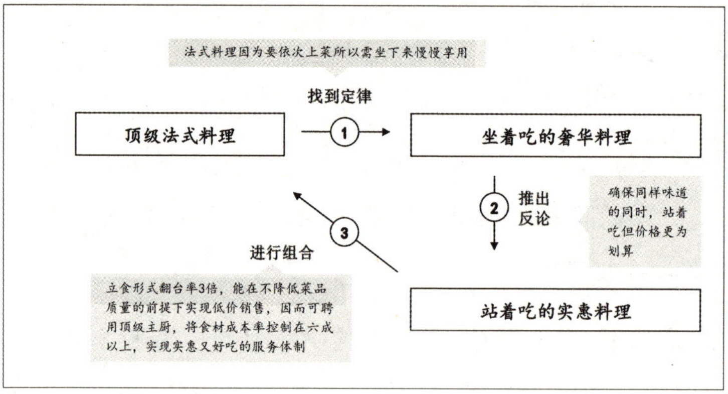

图 0-4 反制结构“我的法国菜”

资料来源：近藤哲朗．商业模式 2.0 图鉴[M]．北京：中国青年出版社，2020.

因此，利用视觉化表达不仅可以帮助我们同时考虑多个因素、简化信息，还可以让我们所做的决策更高效、更有质量。

视觉化表达符合人脑机制

一张图可能胜过 1000 个文字。人的大脑有三分之二是用来处理视觉相关信息的。想象一下，你打算在淘宝网上买一件衣服，发现卖家只是用文字进行描述，即使文字再优美、语言再简练，是不是都没有用一张图片来描述更清楚明白呢？这个例子充分说明一张图片所传递的信息比一大堆文字要丰富和精确得多。人脑机制是客观的，也就意味着我们无法改变，只能应对。

1. 人脑有个“看门人”

在我的拙作《换种教法》中，曾描述人脑有一个“看门人”。当太多的信息“轰炸”到脑子里时，我们的大脑就开始自动工作，自动识别和屏蔽那些无用的信息，从而保证我们的大脑不会信息过载。事实上，我们一年所获得的信息量已经远远超越前人一生所获得的信息量，不仅是我们收到的信息过多，更重要的是，我们分析和厘清的信息更多。因此，大脑判断的依据之一就是是否对它有意义。

视觉化表达恰恰是有意义的信息表达。特别是在众多的信息中寻找关键信息，就可以减轻人脑中“看门人”的抵制，从而更有效地收集信息、分析信息、应用信息。

牛人都是视觉化表达的高手。从思维导图到视觉笔记，从一个产品包装设计到一场产品发布会，制造画面感，就是让人脑快速通过“看门人”传递更加生动有效的信息，产生很好的视觉冲击力。试想一下，在第一代 iPhone 发布的时候，如果乔布斯站在台上，仅凭语言来打动观众，那效果肯定会大打折扣。这本身就是人脑机制在起作用。

2. 人的记忆是视觉化的

想一想，你记忆的方式是什么样的？使用画面。当提到“鲜花”时，我们脑海中就会出现鲜花的画面。画面本身就是视觉化的，视觉化信息能有效地提升我们的记忆力。在人类进化史上，文字出现不过几千年，而在漫长的几十万年间，人类都是依靠图像来处理信息的，因此大脑对具体的图像信息更加敏感。对于非图像信息，大脑会优先转化处理成相关的画面，然后存储在大脑里。而过于抽象的信息，由于缺乏画面感，很难被大脑理解和记忆，这也是高等数学、哲学对多数人来说比较难的原因。

艾宾浩斯遗忘曲线告诉我们，信息输入大脑后，遗忘也就随之开始了。遗忘速度随时间的流逝而先快后慢，特别是在刚记忆的短时间里，遗忘最快。神经科学用大量的实验证明，用图片展现的概念比用文字叙述更让人印象深刻。如果我们只听到一则信息，那么 3 天后我们可能只记住了该信息的 10%。如果听到的同时还能看到一张图片，那么 3 天后我们能记住的信息量就会达到 65%。也就是说，一张图片能帮我们多记住约 5 倍的信息量。因此，视觉化表达可以增强记忆。

3. 人脑喜欢简单

人脑机制倾向于简单，特别是我们的能力不足以支撑复杂的分析和决策时，我们的大脑就会“罢工”，这个过程很像“达克效应”。它是一种认知偏差现象，指的是当能力欠缺的人在简单思考的基础上得出错误的结论，且无法正确认识到自身的不足、辨别错误的行为时，常常会高估自己的能力，往往沉浸在自我营造的虚幻的优势中，却无法客观评价他人的能力。可以这样理解“达克效应”：首先不知道自己不知道（很简单、很容易），其次知道自己不知道（好像没那么容易），再次不知道自己知道（混乱），最后知道自己知道（自如地讲授）。这种效应与人脑喜欢简单有一定的关系。

为了避免“达克效应”的出现，弥补我们的知识或能力可能存在的不足，我们应该学会使用视觉化表达，同时构建视觉化的结构框架，使用经典的工具和方法，快速弥补自己的不足，从而提升自己分析和决策的能力。

视觉化表达可以折叠时间

商业发展的敌人是什么？在我看来，是时间。

21 世纪福克斯公司执行主席鲁伯特·默多克说过：“世界变化很快，不再是大打小，而将是快打慢。”信息、技术、资本等商业环境的基本要素都在不断加快发展速度，面对“乌卡时代”（VUCA），正如《创新者的窘境》的作者克莱顿·克里斯坦森所形容的：“要么颠覆自己，要么被颠覆。”

是的，只有比别人更快，才能在颠覆他人的路上获得先机。领英联合创始人里德·霍夫曼认为今天的企业需要做到“从悬崖上跳下来，在落地前组装一架飞机”！正如中国的那句老话：“兵贵神速。”

如果加速时间是一种制胜的法宝，那么在资源不变的前提下，多任务能力的加速就是对时间的折叠。在《企业生命周期》一书中有一个观点，任务不同的业务单元或部门，很多时候所处的发展阶段不同，变化的速度也不同，这个现状恰恰制约了多任务能力的加速。

《谢谢你迟到了》一书认为，人类与组织的适应能力越来越跟不上技术的发展，技术发展对人类与组织的适应能力的影响如图 0-5 所示。

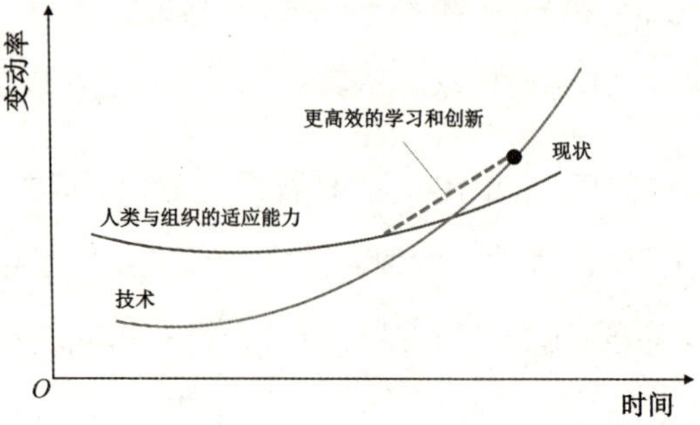

图 0-5　技术发展对人类与组织的适应能力的影响

当我们无法赶超技术的发展时，我们要做的不是与技术赛跑，而是比别人跑得更快。美国著名学者奥里森·马登说过："好系统能缩短到达目标的路径。"绩效改进商业画布是一种系统的结构框架下的视觉化表达，它可以实现不同的业务单元、不同的部门进行同步分析、同步研讨、同步推进，从而实现时间折叠。

所以，视觉化表达可以折叠时间，这是非常具有里程碑意义的。

回顾本章

接下来用一些简单的回顾性题目结束这一章的内容。请从每一项后面的括号中选出最适合这句话的词语。

（1）眼见（□一定 / □不一定）为实。

（2）视觉化表达的好处是（□可以提供系统化的思考 / □符合人脑机制 / □可以折叠时间）。

（3）绩效改进商业画布是通过系统的（□视觉化 / □听觉化 / □文字化）结构框架进行研讨的，是一种系统化的、全面且直观的视觉化分析框架。

（4）人的记忆通常是通过（□文字 / □图像）来处理信息的。

（5）视觉化表达可以折叠时间，是指（□加快速度 / □多任务能力的加速）。

1. 答案

请将书倒过来查看答案。

答案：

（1）不一定

（2）可以提供系统化的思考，符合人脑机制，可以折叠时间

（3）视觉化

（4）图像

（5）多任务能力的加速

2. 解释

（1）眼见不一定为实，我们看到的未必是事物的全貌。我们不能只凭看到的事物来判断事物本身，而应更系统、全面地看待问题。

（2）视觉化表达的好处是可以提供系统化的思考，且符合人脑机制。因为人的记忆是视觉化的，人性喜欢简单，使用视觉化表达可以提高记忆力，同时提高研讨和分析的质量。视觉化表达还可以折叠时间，做到多任务的同步处理，从而在多变的环境中抢占先机。

（3）绩效改进商业画布是通过系统的视觉化结构框架进行研讨的，是一种系统化的、全面且直观的视觉化分析框架。

（4）人的记忆通常是通过图像来处理信息的。在人类进化史上，文字出

现不过几千年，而在漫长的几十万年间，人类都是依靠图像来处理信息的，因此大脑对具体的图像信息更加敏感。对于非图像信息，大脑会优先转化处理成相关的画面，然后存储在大脑里。神经科学用大量的实验证明，用图片展现的概念比用文字叙述更让人印象深刻。如果我们只听到一则信息，那么3天后我们可能只记住了该信息的10%。如果听到的同时还能看到一张图片，那么3天后我们能记住的信息量就会达到65%。也就是说，一张图片能帮我们多记住约5倍的信息量。因此，视觉化表达可以增强记忆。

（5）视觉化表达可以折叠时间，是指多任务能力的加速。它可以实现不同的业务单元、不同的部门进行同步分析、同步研讨、同步推进，从而实现时间折叠。

第 1 章　绩效改进商业画布介绍

危险的直觉

我们先做一个小测试，请凭自己的直觉作答。如图 1-1 所示，请判断图中灰条的亮度。

□左侧灰条的亮度更强 □右侧灰条的亮度更强 □左右两侧灰条的亮度一样

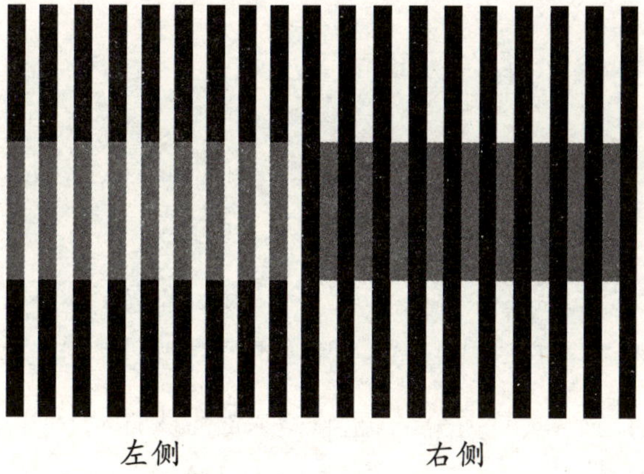

图 1-1　判断灰条的亮度

请将书倒过来查看答案。

> **答案：**
> 左右两侧灰条的亮度一样。这是 1979 年塔斯马尼亚高级教育学院的迈克尔·怀特发现的错觉现象。

你觉得你的直觉判断准确吗？在我的绩效改进工作坊中，我经常听到学员说这样的话：

“老师，凭我多年的经验，我觉得……”

“我发现我多年的直觉分析比逻辑分析的结果更为准确！”

“我没有时间做分析，而我过往的经验证明，我总是对的。”

曾经有一个女学员告诉我：“老师，女人的直觉是很准的，我为什么不可以用我的直觉来做决策？”我通常都会反问他们：“你会蒙着眼睛用直觉开车吗？”

1. 凭直觉决策是有风险的

首先，本书没有说“直觉”没有价值。恰恰相反，对于在某一领域经验丰富的人而言，有时候直觉会起很大作用，如沉浸研究股市多年的炒股迷，有时候通过经验判断就能获得丰厚的投资回报。但是，如果仅仅凭借直觉做决策而不理性分析，就会面临风险，甚至血本无归。心理学家大卫·梅尔斯在《直觉：威力与危害》中指出，直觉是人类强大的判断力，但经常出错！就像哥伦比亚商学院教授迈克尔·莫布森在《反直觉思考：如何避免不理性的决策失误》中讲的那个故事：“一只火鸡被连续喂养了 1000 天，在这 1000 天里它一直很幸福，但在第 1001 天，感恩节到了，它被杀了。”

直觉判断除了需要积累丰富的经验，还包含很多情绪，如“疯狂”“烦躁”

“生气”，甚至还有说不清的“无名火”。这些情绪会影响我们的判断，从而导致我们做出错误的决策。所以，我特别认同一句话，即“大胆假设，小心求证”，这背后需要兼顾理性层面的分析。曾有人问爱因斯坦：“请问，您是如何发现相对论的？”爱因斯坦回答道：“依靠直觉和想象！”相对论是一种大胆的假设，但爱因斯坦并没有停留在直觉判断上，而是通过理性论证，最终得出了经典的质能关系公式。

因此，在绩效改进的项目中，理性思维始终是第一位的，直觉只能作为参考。

2. 低垂的果实已经摘完了

当果园里到处是果实的时候，我们凭直觉判断，即使“乱开枪，不瞄准”，也可以摘到果实。斗转星移，时代变迁加快，低垂的果实早已被摘完，然而高处的果实也不是随处可见的，还有很多竞争对手在虎视眈眈。IBM 第一位女性 CEO 兼董事长罗睿兰曾经说过：“速度让我失眠。我说的速度是指改变的速度，向未来进军的速度。”

《HR 的未来使命》一书的作者曾说过：“竞争环境的变化速度逐渐加快，超竞争时代到来。企业如今身处的竞争环境如同一条消失的地平线，充满高山和沟壑，再也没有轻而易举的生存与盈利之道。”是的，面对超竞争时代，我们不仅需要先瞄准、再开枪，更需要快速地瞄准、精准地开枪。绩效改进商业画布的优势是可以折叠时间，做到快速瞄准，从而精准开枪。做到这一切的前提，是需要理性的分析，而不是直觉的判断。

3. 一切皆分析

13 世纪大智若愚的穆拉·纳斯鲁丁曾经说过，“敏锐的判断来自经验，经验来自糟糕的判断”，而有效的分析可以避免糟糕的判断。因此，一切皆分析。

中国有一句俗话，“磨刀不误砍柴工”，我觉得这句话可以更精准一些，叫“高效磨刀不误砍柴工”，高效磨刀意味着“牵牛要牵牛鼻子”，意味着在关键的地方使力，即发挥绩效杠杆的作用。绩效改进商业画布的核心工作之一就是寻找绩效杠杆，这需要理性的分析，同时兼顾直觉判断（经验），通过视觉化表达，对事物的分析更加敏捷和精准。更为重要的是，绩效改进商业画布的运用完全符合国际绩效改进协会的核心原则：RSVP（R——Focus on Results，关注结果；S——Take a Systemic View，系统思考；V——Add Value，增加价值；P——Work in Partnership with Clients and Stakeholders，伙伴协作）。有关 RSVP 原则将在后续章节中予以详细阐述。接下来，我将对绩效改进商业画布的每一个子画布进行一个整体性的介绍。

绩效改进商业画布概览

绩效改进商业画布结构如图 1-2 所示。

图 1-2　绩效改进商业画布结构

1. 确定目标

确定目标包括两个子画布：确定目标和确定课题，如图 1-3 所示。

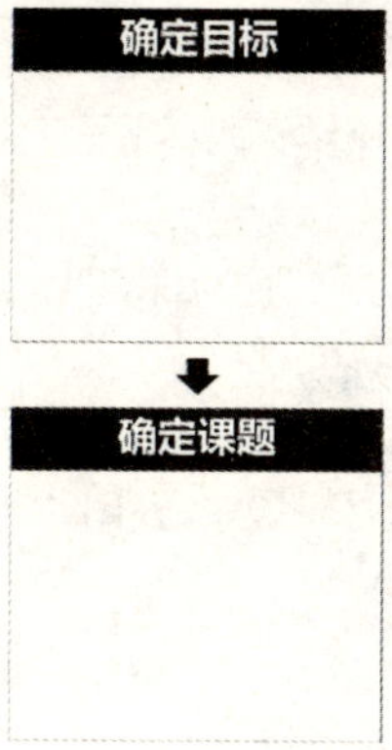

图 1-3　确定目标的子画布

1）核心概念

确保目标层级的一致性，使研讨课题不偏离组织希望到达的目的地。

这个过程一点儿都不简单。在《高效能人士的执行 4 原则》一书中有一个观点，当我们面对多项任务时，紧迫性往往优于重要性。我们常常忙于工作而忘记了为什么工作，这就好比我们忙着赶路，而忘记了目的地是哪里。确定目标的两个子画布就是为了确保研讨的目标与组织的目标一致，避免为了做而做。

2）应用工具

这里主要介绍两个工具。一个是三层级目标，即“业务目标—绩效目标—工作目标”的层级逻辑关系。我们的目标需要与这三个目标保持一致。另一个是课题优选矩阵。当众多的目标需要研讨时，我们可以使用课题优选矩阵选择优先研讨的课题，从而让课题分析更有意义和价值。

在第 2 篇（确定目标），我还将简单介绍其他工具，包括平衡计分卡（Balanced Score Card，BSC）和课题筛选的“紧迫性/重要性矩阵”。

3）引导技巧

在确定目标画布中，我将介绍两个引导工具：复盘工具和 PDCA 循环。

在确定课题画布中，为了让确定的课题更为有效，我将使用“6W2H”引导工具（Who，由谁；What，什么情况；Whom，对谁；When，什么时候；Where，在哪里；Why，为什么；How，如何；How Much，多少费用）对课题进行论述。

有关确定目标的阐述，详见第 2 篇的第 4 章和第 5 章。

2. 分析现状

分析现状包括两个子画布：分析现状和确定差距，如图 1-4 所示。

图 1-4　分析现状的子画布

1）核心概念

基于目标对比现状，寻找存在的隐性关键差距，并将其显性化。

绩效本身是一个中性词，有好的绩效，也有不好的绩效，当然也有不好不坏的绩效，关键是和谁比。如果我昨天考试考了 60 分，今天考了 70 分，这个成绩就是有提升的，是好的，但当我与班里的同学相比时，班里的最低分是 70 分，那么我的成绩就是不好的，我还有很大的努力空间。因此，在分析现状模块，我们要厘清和谁比，即参照物是谁。首先，和组织内最高的水平比，我称之为“应有水平”；其次，和同行业的标杆比，我称之为“合理水平”；最后，和世界上最高的水平比，我称之为“卓越水平”。和不同的人比，我们的差距是不一样的。先和组织内最高的水平比，达到“应有水平”，再和同行业的标杆比，达到“合理水平”，最后和世界上最高的水平比，达到“卓越水平”。

2）应用工具

这里主要介绍两个工具。一个是关键差距分析，通过与目标的对比，寻找那些可以做得更好，或者平时不太关注甚至没有关注过的关键差距，从而确定绩效杠杆。另一个是关键差距整理表，将确定的关键差距通过整理表显性化，做到一目了然。

在第 3 篇（分析现状），我还将简单介绍其他工具，包括 4W 分析和使用“重要性”维度进行关键差距分析，并厘清了这些工具运用的场景。

3）引导技巧

为了让确定的关键差距更有效，我设计了一套寻找关键差距的口诀，大家可以使用该口诀进行真实工作坊的引导，以便产生更高效的研讨。同时，在引导的过程中，我还将简单介绍作为引导者必备的 5 个技能。

有关分析现状的阐述，详见第 3 篇的第 6 章和第 7 章。

3．分析原因

分析原因包括两个子画布：分析原因和确定根因，如图 1-5 所示。

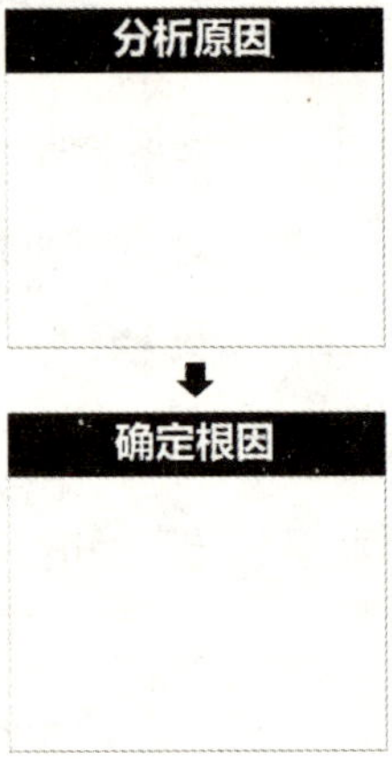

图 1-5　分析原因的子画布

1）核心概念

基于关键差距，分析产生关键差距的真正原因，并确定根本原因。

首先，在关键差距上寻找原因，分析后的原因更精准，也更容易找到解决方案。例如，我的目标是考上一流大学。假设一流大学的录取分数线是 650 分（满分 750 分），而我目前最高分是 550 分，二者的差距是 100 分。产生 100 分差距的原因有很多，如果逐一分析并找到解决方案，就会起到事倍功半的效果。如果在关键差距上寻找真正原因，即在 100 分的差距里，有 90 分来自语文成绩，而在语文成绩的丢分项中最多的是作文，这样分析下来，我的关键差距就是作文。然后分析导致作文分数产生差距的原因，再制订合适的解决方案，就会达到事半功倍的效果。

其次，寻找真正的原因，而不是想当然的原因。人具有趋利避害的天性，当我们在分析原因时，往往会把责任推给别人。例如，关于“今年业绩为什么不好”这个问题，销售部门分析的原因是人事部门没有招到足够的人，导致业绩不好。这样分析的原因是别人的原因，不是自己的原因，因此就无法自己解决这个问题。

最后，即使在关键差距中分析出了真正的原因，也需要从这些原因中，确定根本原因，从根本上解决问题。

2）应用工具

这里主要介绍两个工具。一个是吉尔伯特行为工程模型（Behavior Engineering Model，BEM），它是一个非常实用的工具。另一个是金字塔结构根因分析，通过确定关键差距的表因—过渡因—根因，从而确定真正的根因。

在第 4 篇（分析原因），我还将简单介绍其他工具，包括头脑风暴法、六个盒子、鱼骨图分析和 5WHY 分析，并厘清了这些工具的关键运用点。

3）引导技巧

在分析原因画布中，我将介绍“避免基本归因错误”“‘责任在我’，而非‘责任在你’”“管理者是 BEM 中的组织因素，而非个人因素”的引导理念。

在确定根因画布中，我将介绍使用根本原因分析表进行引导，最终确定根本原因。

有关分析原因的阐述，详见第 4 篇的第 8 章和第 9 章。

4．确定方案

确定方案包括两个子画布：确定方案和推进任务，如图 1-6 所示。

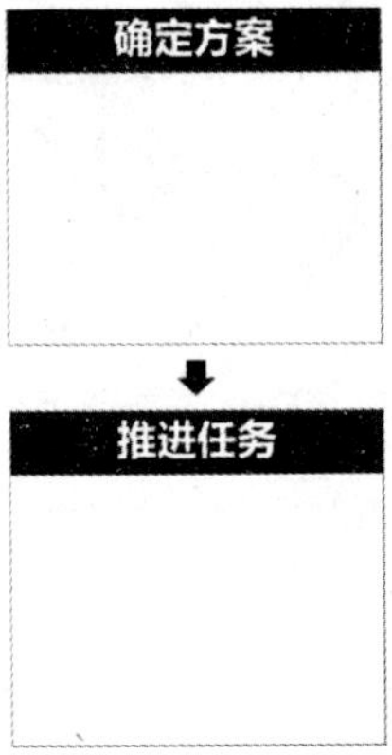

图 1-6　确定方案的子画布

1）核心概念

基于表因和根因，确定合适的解决方案，并制定优先顺序，推进任务落地。

这个部分主要阐述了确定方案的四个步骤：选择措施—筛选最优—关注人群—稳步推进。

2）应用工具

在确定方案画布中，我将介绍两个工具：一个是解决方案优选矩阵，它可以理性分析出哪些解决方案是最为合适的；另一个是使用强制排序法进行解决方案的优选，这个工具适合在解决方案优选矩阵区分不明显的情况下使用。

在推进任务画布中，我将介绍工作任务推进表，使用甘特图明确推进主体、任务、时间、责任人等相关信息。此外，我还将介绍一页纸项目管理和 PERT 图。

3）引导技巧

对于引导者而言，绩效改进本身是一个变革项目，所以在这一篇，我将介绍在变革中需要的引导技巧，以使这篇内容更具现实操作性。

有关确定方案的阐述，详见第 5 篇的第 10 章和第 11 章。

使用绩效改进商业画布的注意事项

1. 优先使用绩效改进商业画布中的工具

绩效改进商业画布提供了完整的视觉化结构框架，也提供了相应的工具和技巧。我特别建议大家先使用画布中的相关工具，因为这些工具都是经国内企业大量实践后被验证有效的。在本书中，除建议使用的工具外，我也会介绍其他相关的工具，以开阔大家的视野。

2. 保证真实性

首先，需要保证问题（课题）来源于自己真实的业务或流程。曾有一个 HR 团队拿着其他团队的问题进行讨论，尽管他们使用了科学的方法，分析的流程也很合理，但决策的结果不具备可行性，也得不到真实团队的认可，不仅浪费了时间，还被真实团队认为“多管闲事”。因此，在使用绩效改进商业画布进行分析和研讨时，必须是自己真实的业务或流程问题。

其次，我在使用绩效改进商业画布引导真实的业务团队进行讨论时，曾经遇到过有人为了得出漂亮的数据或给别人看自己有多么优秀，使用被处理过的数据，这是非常可怕的。在分析的过程中，如果不使用真实的数据、真实的信息，就会对决策造成很大的影响，甚至“差之毫厘，谬以千里”。由于在分析时使用的不是真实的信息而导致决策的方向偏离，是非常可惜的。这是人为造成的，而不是技术本身的局限性带来的。为了避免讨论过程中的“失真”，讨论的课题应当是真实的，且是自己的课题，避免出现“看别人热闹”的心态。此外，参与的人员能够决定课题的走向，并保证课题的实施和成果落地。总之，应保证自己对课题是可控的，特别建议在一个真实的团队里进行研讨和推进。

3. 养成记录数据的习惯

在我引导的工作坊里，大多数学员都没有良好的记录数据的习惯，“拍脑袋”决策的事情经常发生，这也是本章一开始就一直强调“危险的直觉”的原因。今天没有记录数据不可怕，可怕的是明年的今天依然没有记录和分析数据。好的记录数据的习惯，会帮助人们快速解决问题。

我的一个学员，在参加完绩效改进工作坊之后，发现自己有些数据记录得不全，以致对最终的决策犹豫不定。我提醒她，在掌握了绩效改进商业画布的方法和工具后，可以按照工作坊讨论的内容，回去收集数据，然后验证一下讨论的成果是否与自己的判断一致。她是“业务老大”，行动力迅速，很快就发现了自己凭经验判断的一些瑕疵，在内部研讨后，对解决方案进行了一些调整。3 个月之后，她告诉我，客户的重复购买环比提高了 36%（原来为 10%以内），她非常震惊也非常开心，感觉到了绩效改进的神奇。一年后，这个项目（国内某知名大学的 MBA 项目）又开设了我的课程，我又一次见到了她。令我吃惊的是，她不仅自己来听课，还把他们的几个“业务老大”都带来了，并且每个人都带着电脑。她信心满满地对我说：“这次数据准备得非常充分。”工作坊结束后，她无比兴奋地对我说：“王老师，我用了 6 个月都没有解决的问题，您两天就帮我解决了，绩效改进真的太神奇了。”我也很高兴，除又一次感叹绩效改进商业画布的神奇外，更多的是欣慰，他们已经养成了良好的记录数据的习惯，这是解决问题的关键工作之一。

因此，养成记录数据的习惯对于绩效改进商业画布而言，是至关重要的。即使你现在还没有养成记录数据的习惯，也没有关系，从现在开始记录，我相信，随着对数据的记录越来越翔实、对数据的分析越来越精准，你的工作会变得更高效、更简单，真正达到四两拨千斤的效果。

回顾本章

接下来用一些简单的回顾性题目结束这一章的内容。请从每一项后面的括号中选出最适合这句话的词语。

（1）人的直觉（□从不 / □可能）可靠，但只使用直觉（□是 / □不是）危险的。

（2）分析原因画布分析的是（□课题的原因 / □关键差距的原因）。

（3）确定目标的两个子画布的核心概念是（□基于表因和根因，确定合适的解决方案，并制定优先顺序，推进任务落地 / □基于关键差距，分析产生关键差距的真正原因，并确定根本原因 / □基于目标对比现状，寻找存在的隐性关键差距，并将其显性化 / □确保目标层级的一致性，使研讨课题不偏离组织希望到达的目的地）。

（4）BEM 是（□确定目标 / □分析现状 / □分析原因 / □确定方案）的应用工具之一。

（5）以下哪个不是使用绩效改进商业画布应注意的事项（□只凭借经验判断分析问题 / □优先使用绩效改进商业画布中的工具 / □保证真实性 / □养成记录数据的习惯）。

1. 答案

请将书倒过来查看答案。

答案：

（1）可能；是

（2）关键差距的原因

（3）确保目标层级的一致性，使研讨课题不偏离组织希望到达的目的地

（4）分析原因

（5）只凭借经验判断分析问题

2. 解释

（1）人的直觉可能可靠，但只使用直觉是危险的。人的大脑皮层负责理性判断，皮层下中枢负责直觉判断。对于在某一领域经验丰富的人而言，有时候直觉会起很大作用。但是，如果仅仅凭借直觉做决策而不理性分析，就会面临风险，甚至血本无归。因为直觉判断除了需要积累丰富的经验，还包含很多情绪，这些情绪会影响我们的判断，从而导致我们做出错误的决策。所以，我特别认同一句话，即“大胆假设，小心求证”，这背后需要兼顾理性层面的分析。在绩效改进的项目中，理性思维始终是第一位的，直觉只能作为参考。

（2）分析原因画布分析的是基于关键差距的真正原因，并确定根本原因，而不是整个课题的原因，这样的好处是分析的原因更为精准，也更好找到解决方案。

（3）确定目标的两个子画布的核心概念是，确保目标层级的一致性，使研讨课题不偏离组织希望到达的目的地；而分析现状的两个子画布的核心概念是，基于目标对比现状，寻找存在的隐性关键差距，并将其显性化；分析

原因的两个子画布的核心概念是，基于关键差距，分析产生关键差距的真正原因，并确定根本原因；确定方案的两个子画布的核心概念是，基于表因和根因，确定合适的解决方案，并制定优先顺序，推进任务落地。

（4）BEM 是分析原因的应用工具之一，它更是一种思维工具。

（5）使用绩效改进商业画布的注意事项包括优先使用绩效改进商业画布中的工具、保证真实性、养成记录数据的习惯。只凭借经验判断分析问题是不提倡的，同时也是有风险的。因为，一切皆分析。

第 2 章　理解绩效和绩效改进

绩效的定义

我们先做一个小测试，请评价一下王强和小丽的表现。

王强是一名销售，他在卓越公司工作 8 年了。他每天早上 8:00 就到公司（公司规定的上班时间是早上 9:00），是每天到公司最早的员工。他下班也非常晚，几乎很少在 20:00 前下班，周末加班更是家常便饭。同事们经常看到他忙碌的身影，无论是在电脑前打字，还是在文印间里打印，又或者利用中午休息时间在员工餐厅里边用餐边工作，又或者和客户交谈及匆忙地奔走于办公室之间，他每天都在超负荷工作。每一天王强看上去都是认真和高效的。

小丽也是一名销售，她在卓越公司工作 2 年了。她每天准时上班，很少提前到公司。小丽也很少加班，更别说周末了。当工作量实在太大或截止日期快到的时候，她才会偶尔在周末加班。小丽看上去是一个非常热爱生活的人，她总是充分享受中午休息时间。如果遇到打折季，她还会热情地邀请同事一起去周围的商场购物。小丽还特别喜欢与人交流，她经常和其他同事一起交流工作或谈论与工作无关的话题。每一天小丽看上去都是轻松和快乐的。

现在，请你认真地想一想该如何评价他们，并在下面相应的方框内打钩。

□王强更优秀　　　　□小丽更优秀　　　　□我不知道

你的回答是什么呢？让我们来看看参考答案。

请将书倒过来查看答案。

> **答案：**
> 我不知道。

如果你的回答与答案不一致，请再次阅读对两人的描述，是不是感觉缺少了什么？是的，这里对王强和小丽的介绍，都只与他们平时所表现出来的行为有关，而没有提到他们的绩效结果。所以，这个测试的最好的答案是“我不知道”。我们需要知道他们的绩效表现，才能进行更为客观的评价。

如果我告诉你，真实的情况是小丽的业绩始终比王强的好，你会觉得奇怪吗？人们通常基于他人表现出来的行为做出判断和评价。例如，在很多公司里，经常加班或表现得很忙的人被升职，虽然事实上其他没有表现出这些行为的人可能有更多且更好的结果。在很多案例中，人们评价的是行为和外在表现，而不是这些行为所产生的结果。

所以，绩效到底是什么呢？

国内外学界对绩效有非常多的定义。《员工绩效改进》（罗斯韦尔）一书，将绩效定义为“个人、团队或组织所取得的成果、结果或成就”，它把绩效看作最终结果，而行为则是达成结果的方法及手段。《ISPI 绩效改进指南》（第 2 卷）（国际绩效改进协会）一书，将绩效简单定义为“预期结果和有用结果的完成”。《从培训专家到绩效顾问》（哈罗德·斯托洛维奇等）一书，将绩效定义为“个体或群体的行为及其结果的联合产物，包含个体或群体的行为本身，以及该行为的后续结果”。它认为绩效包含活动和产出，即行为和结果。

以上的定义基本上都阐明了行为和结果的关系。本书引用的定义是被誉

为“绩效改进之父”的托马斯·吉尔伯特有关绩效的论述，即

绩效=有价值的结果÷行为的代价

该论述不仅阐明了行为和结果的关系，还引入了比值的概念。同时，有价值的结果不仅意味着结果，因为结果有好坏之分，更需要考虑行为付出的代价，如果因为付出了高昂的代价，而产生了有价值的结果，就不得不核算投入产出比，也就是我们经常说的划算不划算。这个定义用简约的方式充分阐述了绩效的本质。

首先，该论述区分了产出和结果。产出不一定是我们想要的结果。例如，你的孩子这次考了 61 分，这是产出，但不一定是你想要的结果，你想要的可能是考试优秀，如 85 分，即有价值的结果。绩效改进要求我们首先考虑有价值的结果，而不仅是产出。

其次是行为的代价。例如，你的孩子这次考了 85 分，对你来说是有价值的结果，而代价是什么？孩子不仅每天学习到 22:00 以后，而且所有的课余时间都报了补习班，这付出的不仅是大量的金钱，还有孩子的休息时间，这样的行为代价会不会太高？如果因为高强度的学习压力导致孩子产生厌学心理，即有价值的结果（优秀的成绩）不可持续，那么我们是否要反思投入产出比是否合理呢？所以，绩效思考的是投入产出比的问题。

绩效定义的七种逻辑思维

根据托马斯·吉尔伯特有关绩效的论述，我们可以得出七种有关绩效的逻辑思维。我们先来看当分子或分母为“0”的情况。

第一种逻辑：绩效=0÷行为的代价

这是绩效为零的情况之一：付出了行为的代价，但有价值的结果为零。托马斯·吉尔伯特在其《人的能力》一书中提出了“休闲定律”（The Leisurely Theorems），其中一条定律的基本思想为：如果你的行为不能带来有价值的结果，那么行为就变成了成本。有一句话可以很好地诠释这个逻辑：“只有苦劳，没有功劳，就是徒劳。”

第二种逻辑：绩效=有价值的结果÷0

这是绩效为零的另外一种情况：产生了有价值的结果，而行为的代价为零。这种情况在现实中基本不存在。即使买彩票中了奖，也是付出了行为的代价的，只是行为的代价极低罢了。个人认为，只有不劳而获的行为才会产生此种情况，这在社会道德层面应予以反对。

接下来我们来看提升绩效的五种逻辑思维。

第三种逻辑：绩效=有价值的结果↑÷行为的代价↓

这是首先提倡的提升绩效的方式：在资源不变的前提下，降低行为的代价。分母越小，即使分子不变，也依然可以提升绩效。

当我开始讲授绩效改进相关课程时，学员普遍反馈课程内容难度较大，深感绩效改进领域的知识如宇宙般博大，令人敬畏。尽管在课程结束时，学员都会产出有价值的研讨成果，使大家欣慰不已，但代价有点大。有学员戏言：“每次上完绩效改进课程，我都会发烧好几天，真的太烧脑了。”这引起了我的深思。诚然，绩效改进是一门系统有难度的学科，如果能够降低学员学习的行为代价，那么即使其他要素都不变化，学习效果也会相应地提升。绩效改进商业画布就是这样酝酿出来的，其目的就是降低大家学习和研讨的代价。更令人欣喜的是，由于视觉化的结构框架可以被快速复制，很多项目都可以同步进行，因此大大提升了项目的质量和效率。

这里就运用了第三种逻辑，即在资源不变的前提下，降低行为的代价，即使有价值的结果不变，绩效依然提升了。

我们接着来看第四种逻辑。

第四种逻辑：绩效=有价值的结果÷行为的代价

第四种逻辑为：行为的代价不变，只要有价值的结果提升，绩效就可以提升。这种情况在现实生活中随处可见，如有一批订单需要加急，但自己班组的人手不够，外部招聘不仅代价大，新人也不一定马上就能上手，这时有经验的班组会把自己班组的生手与其他班组的熟手调换，行为的代价不变，但有价值的结果会提升。田忌赛马的故事也是第四种逻辑典型的案例。马还是那几匹马，只是在有价值的结果上进行了调整，就赢得了比赛。

我们再来看第五种逻辑。

第五种逻辑：绩效=有价值的结果÷行为的代价

第五种逻辑是分子、分母都提升的情况：尽管行为的代价在提升，但如果有价值的结果比行为的代价提升得更多，绩效就能够提升。例如，公司招募最优秀的人才，尽管他们要求的薪酬福利往往高于公司的同等水平，但对公司而言，在付出较高行为代价的同时，通过优秀人才的加入，公司能获得更有价值的结果，这是公司期望看到的。

接下来，我们来看第六种逻辑。

第六种逻辑：绩效=有价值的结果÷行为的代价

第六种逻辑是分子、分母都降低的情况：即使有价值的结果有所降低，但行为的代价降低得更多，绩效依然可以提升。裁员就是典型的第六种逻辑。当然，裁减的人员往往都是非一线的高薪人员，尽管他们的离开会对公司产生一定影响，但因为都是非一线人员，所以在短期内对组织运作的影响相对较小，而且高薪人员被裁，成本将大幅缩减，整体的绩效在短期内将得到提升。所以，拿着高薪并不意味着就可以高枕无忧了，在这个变化多端的世界中，只有不断产生有价值的结果，才可以应对变化。因此，终身学习必不可少。

接下来，我们来看最后一种逻辑，即第七种逻辑。

第七种逻辑：绩效↑=有价值的结果↑÷行为的代价↓

第七种逻辑是最“梦幻”的方式，也是本人一直特别提倡的方式：行为的代价不断降低，而有价值的结果不断提升。

有一天，我要寄顺丰快递。因为很久没有寄快递，所以我一直以为还需要填写那种手写的快递单，结果这次快递员给了我一个二维码的单子，告诉我直接扫码寄件。基于研究绩效改进的本能，我立刻对这个改进产生了兴趣。

我问：“你喜欢原来手写的单子，还是现在二维码的单子？”

他答：“当然是二维码的单子。原来是客户手写填单，然后我们手动输入系统。现在方便多了，不需要我们手动输入，代价变小了。”

我又问：“使用二维码寄件之后，结果如何呢？”

他答：“我原来 2 分钟处理一个单子，现在只需要 1 分钟，整整快了 1 倍。”

我又问：“速度提高了，质量不一定会更好吧？”

他答：“谁说的？我原来的准确率是 90%左右，现在可以做到 100%。更关键的是，原来我输入会有差错，如果寄错了地方，客户就会投诉我，而现在的投诉几乎为零。如果客户说寄错了，我总会善意地提醒客户下次填写地址时要核对清楚，而客户的反应往往是道歉，说以后会注意。因为是客户自己填写地址，所以我们节省了很多沟通成本。你说方不方便？”

我笑着说：“是啊，一个快递单的改变，不仅让我们的工作变简单了，还使效果和效率都提升了。”

顺丰快递单的改变就是一个“梦幻”般的方式，不仅使员工行为的代价降低了，而且使准确率和客户满意度都提升了。可以预见的是，随着客户投诉的减少，处理客户投诉的客服人员也会减少，企业的成本也会相应地降低。第七种逻辑是值得我们深入研究和践行的方式：行为的代价不断降低，而有价值的结果不断提升。

我们现在对绩效的定义有了更为深刻的理解，接下来，让我们进一步了解什么是绩效改进。

绩效改进的定义

很多人可能不喜欢绩效改进这四个字。因为改进的前提是不令人满意的，所以才要改进。但需要澄清的是，绩效改进不仅是从不好变好的过程，还包含“可以更好”的意义，甚至是可以发现潜在风险或机遇的过程。

在国际绩效改进协会（ISPI）原中国区副主席莫晧老师撰写的《RAISE：绩效改进五步法》一书中，绩效改进被定义为“帮助团队和个体打胜仗的方法系统”。而《ISPI 绩效改进指南》（第 2 卷）一书认为绩效改进从最基本和最有可能产生价值的角度来看，等同于改善结果。在《绩效改进基础》（第 3

版）（达琳·提姆等）一书中，绩效改进也称绩效技术（PT）、人类绩效技术（HPT）、人类绩效改进（HPI），是关于改进人员、流程、绩效、组织及最终社会的一门科学与艺术。在《绩效改进咨询实务手册》（朱迪·赫尔）一书中，绩效改进被定义为“运用特定的干预措施消除绩效障碍的绩效行为”。

在众多的专著研究和多年的实践中，我还是想就有关绩效改进的定义提出如下一些观点。

1. 绩效改进是系统化的分析，之后在关键差距上使力

这与中医“辩证论治”的过程很像。当我们看到症状（表面的问题）时，不直接开药解决，就如同看到发烧不直接开退烧药一样，而是进行系统化的分析，即先诊断，再开方。先通过四诊（望闻问切），收集所有信息，分析关键问题，找到根本病因，再确定合适的治疗方法。绩效改进的思路也是如此，不是直接跳到解决方案，而是先诊断找到真正的问题，识别关键差距，分析根本原因，最后制订适合而非昂贵的解决方案。

绩效改进更强调在关键差距上使力。南辕北辙的故事告诉我们，方向比努力更重要。在关键差距上使力，就像找到了撬动地球的支点，可以耗费更小的代价，取得更好的结果。

2. 绩效改进是系统化的思考，而非简单的解决问题

系统化的思考是指从全局角度考虑问题。自然界本身是一个整体，组织中的人都是其中的一部分。如果整体或某一部分受到损害，那么其他部分也将受到影响。解决问题具有滞后性，即在出现了问题后才能解决。绩效改进的思考过程不是滞后的，而具有前瞻性，即对潜在的风险提前干预。系统化的思考既可以解决现实存在的问题，又可以识别潜在的风险，提前干预可能出现的问题。

经典著作《流程圣经》的作者，也是绩效改进领域的权威之一吉尔里·拉姆勒提出了“组织是一个系统”的观点，这为绩效改进系统化的思考过程提供了非常有价值的角度。他将绩效从三个层面拆解成一个维度的框架，又将每个维度分成三个变量，从而构成一幅系统化思考的框架，即绩效九变量模型，如表 2-1 所示。

表 2-1　绩效九变量模型

绩效三层面	绩效三变量		
	目　标	设　计	管　理
组织层	组织目标	组织设计	组织管理
流程层	流程目标	流程设计	流程管理
岗位层	岗位目标	岗位设计	岗位管理

从目标变量来看，组织、流程、岗位各层面都需要专门的标准，以反映客户对产品数量、质量、及时性及成本的期望；从设计变量来看，组织、流程、岗位各层面都需要必要的构建和配置，以使目标能有效达成；从管理变量来看，组织、流程、岗位各层面都需要管理实践，以确保目标与时俱进，并得以持续达成。将绩效三层面与绩效三变量组合成一个矩阵，就得出了绩效九变量模型。这些变量展现了一个完整、全面的绩效杠杆，可供绩效任意一层面的组织和管理者使用。

3. 绩效改进是系统化的世界观和方法论，而非一种管理手段

绩效改进是一个系统化的过程，是一套系统化的世界观和方法论。绩效改进可以覆盖到精益管理之外的部分，特别是非量化的问题；而制造业的精益六西格玛（Six Sigma），特别是质量问题，必须量化。

绩效管理与绩效改进完全不同。绩效管理仅仅是一种管理手段和解决方案，而绩效改进是在诊断清楚的基础上的一整套解决方案。在《绩效改进基础》（第 3 版）中作者罗列了比较常见的解决方案（干预措施），其中包括我

们熟知的组织发展，也包括绩效管理这一与人力资源管理相关的解决方案。绩效管理与解决方案地图如图 2-1 所示，有关绩效管理的内容，我在图中用方框进行了提示，以帮助大家理解绩效管理和绩效改进的关系。

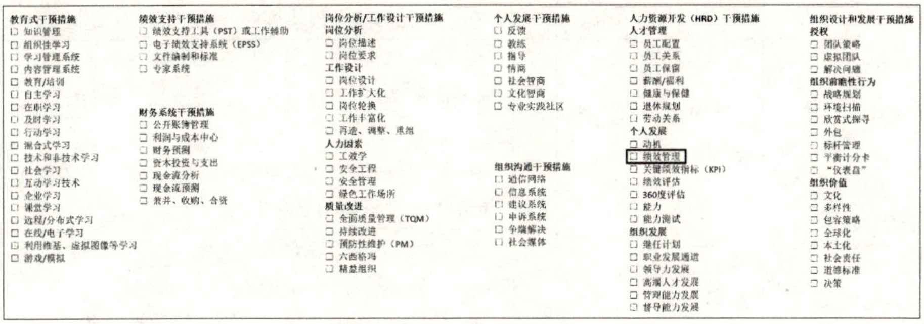

图 2-1　绩效管理与解决方案地图

另外，绩效改进的适用场景也非常广泛。它不仅能解决组织中业务结果方面的问题，也能解决组织中流程效率方面的问题。简言之，绩效改进就是用更好的方法、更低的代价达成更佳的结果，是帮助团队和个体持续、有效且用更小的代价打胜仗的方法系统。

绩效改进的理论基础

接下来，我将用较少的篇幅简单介绍绩效改进的理论基础，以使大家对绩效改进方法论有一个宏观的了解。有许多学者的研究为绩效改进方法论的建立奠定了理论基础，绩效改进的理论基础研究如表 2-2 所示。

表 2-2　绩效改进的理论基础研究

学　　科	研 究 方 向	贡　　献
行为主义	预测行为	1．小步骤的指导和反馈 2．通过观察个人的反应，学会控制环境

续表

学　科	研究方向	贡　献
诊断和分析系统	作为理解行为的基础数据	1．通过使用综合性分析工具，在绩效差距（期望的结果和实际的情况之间的差距）的基础上，做出正确的诊断 2．在选定和实施干预措施前，确定情况的起因
教学系统设计与组织学习	ADDIE 模型/绩效改进 HPT 模型	1．为了满足第二次世界大战期间训练数千名军事人员的需要，于 20 世纪四五十年代提出教学系统设计与组织学习理论 2．认为各类教学方法都具有相应的价值，如角色扮演、录像、案例研究和演讲等
组织发展和变革管理	组织与个体层面的绩效变革	1．组织发展干预措施改进了文化、团体动力和组织结构 2．通过运用及时的信息、适当的资源和能使变革引发的抵抗最小化的战略，帮助个人和群体适应绩效变革 3．为绩效提供理论基础，包括系统动力、人员动机、群体和团队动力、能力模型、组织性学习系统及反馈系统
评估	确定干预措施的价值和影响	1．给予从业者所需要的信任 2．评估组织实际节约的成本、投资回报率（ROI）
管理科学	区分“思想家”和“实干家”，并对工作和任务进行分析和描述	1．建立关于标准生产系统的理论，如福特公司的流水线 2．重点解决实际问题和心理问题，如动机、工作满意度、职业发展和授权等

资料来源：达琳·提姆，詹姆斯·莫斯利，琼·迪辛格．绩效改进基础：人员、流程和组织的优化[M]．3 版．易虹，姚苏阳，译．北京：中信出版社，2013.（有修改）

绩效改进的“三脚凳”理论

接下来，引入一套严谨的具有逻辑性的理论——“三脚凳”理论。该理论由理查德·斯旺森在《绩效分析与改进》一书中提出，可以作为绩效改进的相关理论基础。

这套理论包括经济学、系统论和心理学。这三种理论各自有独特而完善的理论体系且又彼此互补，共同形成一个完整的理论架构。可将这三种理论形象地比喻为一把“三脚凳”，这把凳子的三条“腿”为绩效改进在复杂多变的条件下的运作提供了稳定性（见图 2-2）。同时，这把凳子必须置于一块道德规范的“地毯”上，这条地毯发挥过滤器的作用。三大基础理论是整个绩效改进的核心理论，而道德规范则起着非常重要的调控作用。

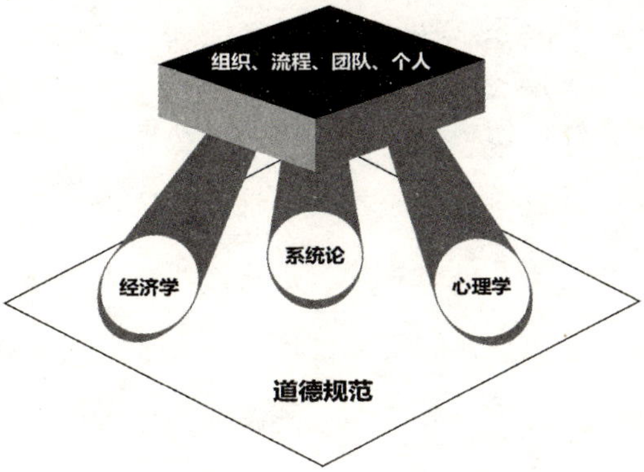

图 2-2　绩效改进的“三脚凳”理论

1．经济学

以下三种经济学理论可以很好地应用于绩效改进领域：稀缺资源理论、可持续资源理论、人力资本理论。

稀缺资源理论是经济学的第一原则。该理论的核心观点为：资源是有限的，包括资金、时间、原材料等，而利用物品进行生产的技术条件也是有限的，这就要求我们在投入这些资源时要选择如何使用以获得最大的投资回报。

可持续资源理论与稀缺资源理论的本质区别在于，可持续资源理论关注长期计划，而稀缺资源理论关注短期计划。可持续资源理论的核心观点为：既要满足当代人对资源的需要，又不对后代人满足其需要的资源造成伤害，保持资源的可持续性。

人力资本理论的核心观点为：人力资本并不是一种简单的成本耗费，而是能够带来实实在在价值回报的有意义的投资。正如经济学家阿尔弗雷德·马歇尔所言："在所有的资本中，最有价值的乃是投资于人所形成的资本。"

2. 系统论

系统论是一门相对年轻的学科，我们来看一看百度百科关于系统论的解释。

系统论是研究系统的结构、特点、行为、动态、原则、规律及系统间的联系，并对其功能进行数学描述的新兴学科。系统论的基本思想是把研究和处理的对象看作一个整体系统来对待。系统论的主要任务是以系统为研究对象，从整体出发研究系统整体和组成整体的各要素之间的相互关系，从本质上说明其结构、功能、行为和动态，以把握系统整体，达到最优的目标。

戴明和朱兰在质量改进领域做出了奠基性贡献，他们将系统论应用于组织和组织的流程中。以下三种典型的系统论理论适合应用于人力资源开发领域：一般系统理论、混沌理论、未来理论。

一般系统理论（General System Theory）的核心是探讨系统的投入、过程、产出和反馈。其主要任务是以系统为研究对象，从整体出发研究系统整体和组成整体的各要素之间的相互关系，从本质上说明其结构、功能、行为和动态。

混沌理论（Chaos Theory）。我们用一首西方民谣对此进行形象的说明，这首民谣如下。

丢失一个钉子，

坏了一只蹄铁；

坏了一只蹄铁，

折了一匹战马；

折了一匹战马，

伤了一位骑士；

伤了一位骑士，

输了一场战斗；

输了一场战斗，

亡了一个帝国。

蹄铁上的一个钉子是否丢失，本是初始条件的一个十分微小的变化，其长期效应却是一个帝国存亡的根本差别。混沌不是偶然的、个别的事件，它普遍存在于宇宙间的各种宏观及微观系统中。万事万物，莫不混沌。混沌不是独立存在的学科，它与其他各门学科互相促进、互相依靠，该理论承认并专门研究那些似乎不合常规的非系统的现象。

未来理论（Future Theory）着眼于在不确定条件下对未来做出规划。与绝大多数战略计划的简化论观点完全不同，未来理论对于组织获得可持续的绩效非常关键，它能够使我们识别并应对未来的变化。

此外，各种工程技术的理论和方法，都可以被看作系统论中具有实用价值的理论分支。

3．心理学

以下三种心理学流派适合应用于绩效改进领域：格式塔心理学、行为心理学、认知心理学。

格式塔是德语中的一个术语，意为“全貌”或“组织整体”。格式塔心理学又称完形心理学，其核心观点为：我们无法只看到一个孤立的刺激物，而是看到由多种刺激物聚合成的一个有意义的整体。该理论认为整体不等于且大于部分之和，主张以整体的动力结构观进行研究。

行为心理学所关注的是我们能够观察到的事物，即眼见为实。其核心观点为：个体在既定的能力、经验及外界给予的特定压力的共同作用下，只能做出某种特定的反应。在这里，不存在内省，不存在关于本能行为的讨论，也不需要对人类有意识和潜意识这类模糊的概念进行学习。

认知心理学广义上指研究人类的高级心理过程，主要是认识过程，如注意、知觉、表象、记忆、创造性、问题解决、言语和思维等；狭义上指当代的信息加工心理学，即采用信息加工观点研究认知过程。

另外，学习理论（如建构主义和情境认知）应该被看作心理学理论派生出来的具有实用价值的分支。如果人们主观地选择不去产生业绩或付出较少的努力，又或者努力了但不坚持努力，也不会真正实现组织的绩效改进。

4．道德规范

如前所述，道德规范是“地毯”，是基础性的要求，绩效改进必须置于道德规范之上，它发挥着过滤器的作用。

制定道德规范的目的是促进专业伦理实践。作为绩效改进专业人士，我们有责任为我们所服务的组织增加价值，并在道德上为其成功做出贡献。我们为每一个人的决策和行动承担责任，并致力于通过打造专业活动品牌提升本专业的信誉度。

个人特别认同国际绩效改进协会对有关国际注册绩效改进顾问的道德规

范，特别是其中的七个核心原则。

原则 1：增加价值。为用户、客户、他们服务的社区和全球环境增加价值。

原则 2：促进有效实践。推行绩效改进战略中的最佳有效实践。

原则 3：合作。与多样化的客户和用户合作，作为值得信任的战略参与者，尊重并热情对待他人以形成一个包容性、多元化的工作环境。

原则 4：致力于持续改进。追求专业发展，并致力于达到最高标准。

原则 5：正直。在实践绩效改进战略时，真诚对待客户、同事和其他人。

原则 6：保守秘密。保守客户秘密，保护个人隐私，尤其在获取和传播信息时，保持诚实沟通，促进有效决策。

原则 7：培养信任。与客户建立高度信任，避免可能引起冲突的各项活动。

以上是绩效改进基础理论的简单介绍。如果你想更加深入地学习，可以阅读本章中提及的书籍，这些好书一定会让你有所收获。另外，撰写本书的目的是希望大家能将理论应用于实践，所以对于基础理论的介绍，我只是点到为止。我希望能打开一扇绩效改进之窗，窗外的星辰大海需要你自己努力探索，我相信，你一定会寻找到属于自己的独特风景。

回顾本章

接下来用一些简单的回顾性题目结束这一章的内容。请从每一项后面的括号中选出最适合这句话的词语。

（1）理查德·斯旺森在《绩效分析与改进》一书中提出“三脚凳”理论，

可以作为绩效改进的相关理论基础。这套理论包括（□经济学 / □系统论 / □心理学）。

（2）绩效=有价值的结果（□+ / □− / □× / □÷）行为的代价。我们首先提倡的提升绩效的方式：在资源不变的前提下，（□降低 / □提升）行为的代价；而我们一直努力追求的最“梦幻”的提升绩效的方式：行为的代价不断（□降低 / □提升），而有价值的结果不断（□降低 / □提升）。

（3）绩效改进主要解决组织中（□业务结果 / □流程效率）方面的问题。

（4）从本质上说，绩效改进就是用更好的方法、更低的代价达成更佳的结果，是帮助团队和个体持续、有效且用更小的代价打胜仗的（□方法系统 / □管理手段）。

（5）绩效改进可以覆盖到精益管理（□之内 / □之外）的部分，特别是（□量化 / □非量化）的问题；而制造业的精益六西格玛，特别是质量问题，必须（□量化 / □非量化）。

1. 答案

请将书倒过来查看答案。

答案：

（1）经济学；系统论；心理学

（2）÷；降低；降低；提升

（3）业务结果；流程效率

（4）方法系统

（5）之外；非量化；量化

2．解释

（1）理查德·斯旺森在《绩效分析与改进》一书中提出“三脚凳”理论，可以作为绩效改进的相关理论基础。这套理论包括经济学、系统论和心理学。

（2）绩效=有价值的结果÷行为的代价。我们首先提倡的提升绩效的方式：在资源不变的前提下，降低行为的代价；而我们一直努力追求的最“梦幻”的提升绩效的方式：行为的代价不断降低，而有价值的结果不断提升。请记住绩效定义的七种逻辑思维。需要补充的是，第一种绩效为零的逻辑，即如果你的行为不能带来有价值的结果，那么行为就变成了成本。

（3）绩效改进主要解决组织中业务结果和流程效率方面的问题。因此，再也不要把绩效改进当作人力资源管理中的绩效管理来看待了，绩效改进不仅可以帮助个人进行改进，将好变得更好，还可以为组织提升业务结果和流程效率。它是一种系统化地解决问题或前瞻性地思考问题的方法论，特别适合公司高层管理者、业务部门参与和实践。

（4）从本质上说，绩效改进就是用更好的方法、更低的代价达成更佳的结果，是帮助团队和个体持续、有效且用更小的代价打胜仗的方法系统。绩效改进包含各种管理手段，但这不是目的，绩效改进首先是诊断出真正的问题，再去寻找合适的解决方案，而不是看到表面的问题，就直接跳到解决方案。

（5）绩效改进可以覆盖到精益管理之外的部分，特别是非量化的问题；而制造业的精益六西格玛，特别是质量问题，必须量化。这也解释了为什么很多六西格玛黑带非常愿意系统化地学习绩效改进。它从一个不同的视角，补充了非量化的问题。从这一点来看，绩效改进的适用范围更广。

第 3 章　绩效改进原则：RSVP+

为什么原则这么重要

本人所写的《换种教法》里专门提及原则的重要性，结合自己在绩效改进领域的相关实践，归纳起来，有如下几个方面。

1．原则是一种实用的思维模式

《高效能人士的七个习惯》的作者史蒂芬·柯维曾经说过："如果想要得到一个小改变，你可以从行为入手；如果要看到真正质的变化，请从思维开始。"他认为以原则为中心，怎样改变都不会脱离原则的引力。因此，原则就是一种实用的思维模式。正如《高效能人士的七个习惯》所强调的：以原则为中心，以品德为基础，要求"由内而外"地实现个人效能和人际效能。

爱因斯坦说过："重大问题发生时，依我们当时的思想水平往往无法解决。"

我们需要新的、更深层次的思维模式，即基于原则的思维模式，它能正确引导我们实现高效能、改善人际关系、解决深层问题。

原则是恒久的，不随变化而变化，这非常可贵。在当今多变的世界里，我们用原则指导工作和生活，不被变化驾驭，并且通过不变的原则驾驭变化，从而在多变的世界里"杀出重围"，实现自我价值。

2. 以原则为指导，可以实现更高的人生目标

风靡全球的畅销书《原则》（瑞·达利欧），记录了作者对自己成功过程的反思，系统地、多角度地、立体化地阐述了有关工作、生活、管理的原则。他试图提供一套能通用的理念（原则），帮助人们在工作和生活中做出正确的选择。该书不仅是一本金融管理的指导手册，更是一本对人生有着深度思考的哲学书，犹如人生的灯塔。

在这本书中，为了实现更高的人生目标，瑞·达利欧提出实现人生愿望的“五步流程”。

第一步，目标。要明确自己的人生目标。

第二步，问题。根据目标，找出真正的问题，并视问题为机会。

第三步，诊断。根据真正的问题，找到问题产生的根源。

第四步，方案。规划合理、有效的解决方案。

第五步，执行。坚定、持续地执行方案。

人生愿望的“五步流程”关系图如图 3-1 所示。

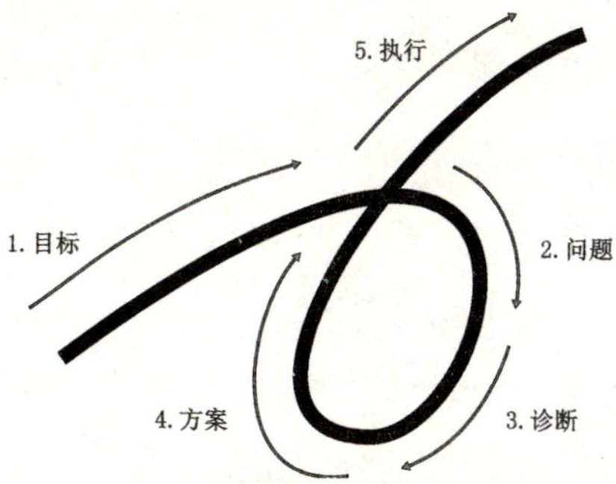

图 3-1　人生愿望的“五步流程”关系图

资料来源：瑞·达利欧．原则[M]．刘波，綦相，译．北京：中信出版社，2018.

关于“五步流程”的逻辑关系，大家是否觉得似曾相识呢？是的，这与绩效改进商业画布的结构框架非常相似，可以说，二者的底层逻辑都是一样的。瑞·达利欧用“五步流程”帮助人们实现更高的人生目标，我也期待用绩效改进商业画布的结构框架帮助组织实现更高的商业高度。

3. 原则可以保证绩效改进项目的成功

无论是企业外部顾问还是企业内部顾问，没有人能保证实施一个绩效改进项目是万无一失的。绩效改进项目本质上是变革项目，其本身就有失败的风险。尽管绩效改进项目失败的原因是多样的，但我们在复盘之后可以发现，其无一例外地违背了“RSVP+”的某一个原则。因此，践行“RSVP+”原则可以在某种程度上保证绩效改进项目的成功。

我曾经参与一个HR团队关于提升招聘完成率的绩效改进项目。他们的年度招聘完成率目标为40%，但是当时其招聘完成率较低，更可怕的是其年度离职率（该团队将离职率定义为：离职率=离职人数÷工资在册的员工平均人数×100%）很高，为102%，这就意味着这个团队每天努力招人，一年忙活下来，总人数同比经常是负数。为此，公司的“业务老大”非常焦虑，人招不到、离职又快，这对业务的影响很大，导致业务部门很难达到公司制定的年度业务目标。公司HR团队对此非常重视，在与员工进行离职访谈后他们发现，员工离职的原因主要有两个：一是薪酬福利不好，二是工作压力大。在我看来，员工离职访谈时阐述的往往是症状，不是原因，可信度不高。我建议HR团队与业务部门的管理者进行一次基层员工的深入调研，确定员工离职的真正原因。但HR团队的负责人认为自己经验丰富，认定自己找到了员工离职的真正原因，后续制订了优化薪酬福利待遇、引入减压课程的解决方案，结果导致公司人工成本大幅提升，但招聘完成率和离职率并没有得到明显的改善。在项目复盘的过程中，我们发现这个项目违反了绩效改进中的伙伴协作原则，提升招聘完成率并不仅是 HR 部门的工作，更需要业务部门的参与，双方一起分析现状，一起发现真实的原因，一起制订解决方案，一起推进方案的落地。后来，这个 HR 团队重新成立了项目组，与业务部门的人员一起分析和解决问题，最终使招聘完成率提升到 70%，而离职率下降到 30%。

国际绩效改进协会早年就提出 RSVP 四大核心原则，作为一种标杆和共同的行为规则。大家可以在该协会的网站上下载详细的英文版本。在本章的阐述中，我引用了《绩效构建》（罗杰·爱迪生等）一书的观点，增加了一个“+”，即“RSVP+”原则。

“RSVP+”原则

我们首先来看一下“RSVP+”原则的简要解释。

原则 1：关注结果（Focus on Results）。

原则 2：系统思考（Take a Systemic View）。

原则 3：增加价值（Add Value）。

原则 4：伙伴协作（Work in Partnership with Clients and Stakeholders）。

原则“+”：保持中立。

在绩效改进专业领域，通常使用的是 RSVP 原则，而本章使用的是“RSVP+”原则。

接下来我将逐一介绍每个原则的内容。

1. 关注结果

关注结果的核心思想可以归纳为如下两个方面。

（1）区分结果和产出。

（2）自始至终关注结果，而不是行为。

首先，区分结果和产出。

本书第 2 章有关绩效的定义，就明确区分了结果和产出。产出不一定是我们想要的结果。例如，你非常想减肥，一个月后发现自己体重减轻 5kg，这是一个产出，但不一定是你想要的产出，你想要的产出可能是希望自己更加漂亮或更加健康，即有价值的结果。绩效改进要求我们首先考虑有价值的结果，而不仅是产出。

同时，我们还需要知道我们要去往哪里。有了目的地，我们才知道往哪个方向前进。所以，关注结果原则强调“以终为始”，以结果为导向。组织经营管理的目标是什么？我们希望通过怎样的流程运作和员工行为实现这些目标？绩效改进不仅关注组织战略层面的目标，还关注整个经营管理过程中的各层级目标，包括流程层面、员工工作层面的目标。我们关注的这些流程和员工工作目标应该都能支撑我们实现组织的战略目标。

其次，自始至终关注结果，而不是行为。

实际上，我们更倾向于关注行为。正如第 2 章开篇的案例，如果你看到一个人天天加班，你就会觉得这个人很努力，却忽略了这个人加班的原因，以及加班后的工作成果。如果我们仅仅以天天加班作为评判工作好坏的依据是很危险的。所以，我们首先要关注结果，再去设计达到结果的路径。

以下的工作有助于我们自始至终关注结果。

- 确定期望的结果，如增加利润或净收益、节省资金、提高生产速率、熟练完成任务、遵守规定、减少员工流失、降低成本、加强客户维系等。
- 确定团队成员与利益相关者自始至终关注结果及其所需要的资源，并提供可支持他们的资源。
- 保证所有人都朝着共同的目标努力。
- 决定需要向客户陈述哪些问题，以便客户理解该工作的内涵。

2. 系统思考

这要求我们确定整个组织结构的子系统，寻找并确认某个区域的变化将对其他区域产生的影响，考虑社会的动态性、市场环境、工作场所、工作、员工是如何影响最终期望的结果的。

系统思考的核心思想可以归纳为如下两个方面。

（1）关注 4W，以及它们相互间的影响。

（2）使用系统化分析流程 IPO。

系统思考要求我们全面地看待问题。假设你减肥的目的是追求健康，这还不够。首先，你需要系统化地看待问题，对身体做一次健康扫描，看看自己的身材与标准的身材相比，哪些地方的差距比较明显，这可能是你要特别使力的地方。其次，还要关注你的家庭，如是否有肥胖的遗传史或特殊的家族类疾病，这将为你提供一些有价值的参考依据。最后，还要考虑外部环境，如当地的经济环境、饮食习惯等对肥胖的影响，从而更全面地看待和分析问题。这就是系统思考的逻辑。

首先，关注 4W，以及它们相互间的影响。

4W 即世界层面（World），包括文化、社会等；工作场所层面（Workplace），包括组织、资源等；工作层面（Work），包括工作流程等；最后是员工层面（Worker），包括知识、技能等（见图 3-2）。我们在看待和分析问题时，需要进行系统思考，只有这样才能找到问题的真正原因。

世界（World）	工作场所（Workplace）	工作（Work）	员工（Worker）
• 文化 • 社会 • 信息相关者 • 竞争 ……	• 组织 • 资源 • 工具 ……	• 工作流程 • 程序 • 责任 • 工效学 ……	• 知识 • 技能 • 能力 • 动机 • 期望 ……

图 3-2　4W 包含的因素

为了让大家更好地理解这四个层面，我们来做一个小测试，请按照 4W 的分类方法将下列影响绩效的因素进行分类，并在相应的方框内打钩。

1W=世界　　2W=工作场所　　3W=工作　　4W=员工

（1）新的竞争者进入　□ 1W　□ 2W　□ 3W　□ 4W

（2）经济大环境不好　□ 1W　□ 2W　□ 3W　□ 4W

（3）组织变革　□ 1W　□ 2W　□ 3W　□ 4W

（4）复杂的工作流程　□ 1W　□ 2W　□ 3W　□ 4W

（5）知识和技能过时　□ 1W　□ 2W　□ 3W　□ 4W

（6）交通拥堵　□ 1W　□ 2W　□ 3W　□ 4W

请将书倒过来查看答案。

答案：

(1) 1W；(2) 1W；(3) 2W；(4) 3W；(5) 4W；(6) 1W

通过这四个层面的分析，我们可以全面地分析这些因素对绩效的影响。例如，销售业绩不好，不应仅判断员工的销售知识或技能是否过时了，因为这与组织的工作流程的复杂程度有关，甚至与经济大环境也有关。这就要求我们寻找并确认各类因素的变化，考虑事件的动态性，以及这四个层面是如何影响绩效的。

其次，使用系统化分析流程 IPO。

I 是 Input，即输入；P 是 Process，即加工过程；O 是 Output，即输出。系统化分析流程包括这三个完整的要素。在分析和思考问题时，缺少任何一个要素都不是系统化分析流程。

系统模型如图 3-3 所示。

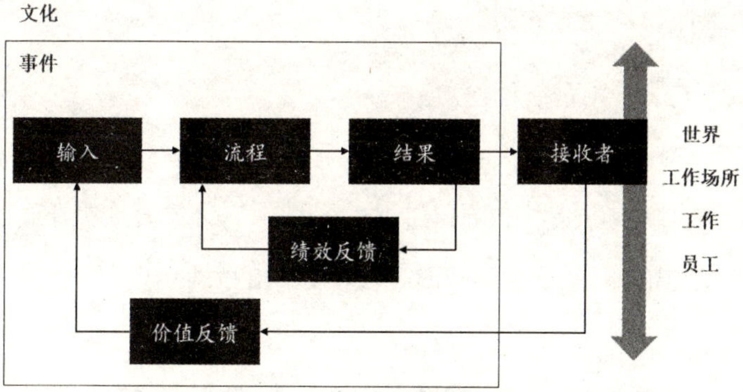

图 3-3　系统模型

资料来源：罗杰·爱迪生，卡罗·海格，林恩·卡尼. 绩效构建[M]. 易虹，付庆波，熊洁，译. 北京：电子工业出版社，2018.

图 3-3 是基于拉姆勒提出的系统模型演化而来的，该系统模型还很好地结合了 4W，如果我们用整个系统模型来解决问题，将对绩效产生巨大的影响。根据《绩效改进基础》（第 3 版）和《绩效构建》的相关定义，我们可以将系统模型的每个词汇进行明确的阐述。

- 输入：启动阶段，包括但不限于顾客需求、相关信息、战略规划、所提供的人力和物力资源、工具与设备、任务分配等。
- 流程：如何执行、实施和完成期望的结果，即产生期望结果价值链中的行为顺序。
- 结果：任何经过输入、流程产生的有价值的结果。
- 接收者：直接或间接受到结果影响的人，即我们常说的利益相关者。
- 绩效反馈：如何确定执行行动的成败。这种反馈来自内部系统，它可以用来改进结果。
- 价值反馈：与绩效反馈不同的地方在于，这种反馈来自外部系统，如客户购买相同质量的产品，会感觉有品牌的产品更有价值，这是一种典型的价值反馈。

以下的工作有助于大家进行系统思考。

- 向团队成员介绍系统理论。
- 在与客户和组织中的关键影响者交流时，建立系统思考模式。
- 对工作地点中可能影响项目进度的各种阻碍因素开展以下讨论。
    - 提出的解决方案如何影响整体组织的大环境。
    - 询问客户在其他系统里，什么将影响期望的结果。
    - 询问客户在社区、劳动力方面，阻碍行为改变的因素。

3. 增加价值

这要求我们利用自己的专业知识，与客户一起高效地获取较好的决策、团队高质量的工作及高质量的最终产品。

增加价值的核心思想可以归纳为如下两个方面。

（1）价值是针对客户而言的。

（2）好的决策是有价值的，如何达成好的决策更是有价值的。

依然以减肥为例。你在帮助他人减肥时开发了很多小工具，但这些都是你投入的一部分，即我们所说的系统化分析流程 IPO 中的“输入”，其价值在于加工的过程，以及获得有价值的结果。要使减肥这件事情有价值，首先需要思考是否有值得总结的经验，然后将这些经验总结出来，让别人少走弯路，少走弯路实际上是减少了时间成本，本质上就是增加了价值。又或者通过减肥的实践，你形成了一个系统化的减肥方案，不仅可以减肥还可以预防反弹，如果将这个方案推广到其他组织，这也是增加了价值。

首先，价值是针对客户而言的。

为了让大家更好地理解，我们先做一个小测试。将自己想象成一名培训管理者，我为你准备了一些培训指标，来判断你的培训管理工作是否有价值。你需要独立思考，判断这些指标是否真的有价值，并在指标下面的方框内打钩。

培训指标

指　标	解　释
学员日	每月给学员安排的学习天数
平均出勤率	全勤的班级占比
平均课程时长	参加这个课程的学员平均学习时长
课程取消率	取消及不参加课程的学员占比
收入平衡报告	用来说明预算支出的情况

你认为以上指标：

□有价值　　□没有价值　　□其他

请将书倒过来查看答案。

> 答案：
> 以上为投入阶段，没有价值。

这是美国培训杂志于 2016 年 6 月在线上发表的一篇文章，名为《培训管理的五大指标》，它从学习管理的角度提出衡量成功的五大指标。在现实中，这五大指标在国内的培训管理工作中也被广泛地引用。这些指标有一个共性，即都代表在一个学习过程中发生的活动，也就是整个学习过程的投入阶段。投入阶段还没有开始产生价值，这就是典型的“我们认为有价值，客户不一定认为有价值”。

培训管理的客户是谁呢？是花钱的人。而组织内参与培训的人往往不是客户，而是用户。客户愿意出钱让员工学习绝不是为了体现活动中的指标，他们既不涉及收入，也不是潜在成果。所以，千万不要被困于投入阶段，它只代表费用，而费用是经常被削减的。

那么，哪些指标才是增加价值的指标呢？早些年，美国投资回报率（Return on Investment，ROI）研究所与人才发展协会（The Association for Talent Development，ATD）合作，从 96 名对学习进行投资的世界 500 强企业 CEO 那里直接获取数据，证明 96%的人希望看到学习与实际业务相关的内容，从 ROI 的角度来说，74%的人希望看到学习的 ROI。总结下来，主要是如下指标。

提升利润	降低成本	缩短时间	规避成本

因此，增加的价值是客户所期望的价值，而非我们认为的价值。遗憾的是，这种自我价值的思考方式充斥在很多人才发展的群体中，我们应避免被困于投入阶段，真正建立为客户增加价值的思想。

其次，好的决策是有价值的，如何达成好的决策更是有价值的。

绩效改进能够帮助我们从工作方法和产品中创造“变化的结果”。这些“变化的结果”及在这个过程中实现的目标，正是绩效改进的价值所在。我们追求最高效的决策和最合适的解决方案，而不是用昂贵的代价才能获得的方案。

此外，达成好的决策也可以增加价值。例如，我们在达成决策的研讨过程中识别了风险，避免了未来可能发生的灾难，同时建立了一套防范的机制，这本身就是有价值的。另外，在此过程中，我们提高了团队解决问题和执行的能力，在实现组织最终目标的同时，不断通过绩效改进为提升组织决策能力增加价值。绩效改进不仅应该带来员工个体绩效的提升，更应该关注长远目标和利益，以及对社会的贡献和价值。

以下的工作有助于大家增加价值。

- 陈述有关需求的事实，并指出成本、风险、成功概率。
- 指出还需要何种解决方案，以便充分获取机会或满足需求。
- 推进关于如何更好地“释放疼痛”或抓住机遇的大讨论。
- 对基于错误假设的想法提出质疑。
- 提出符合组织目标和实施能力的解决方案。
- 帮助客户了解如何以可持续的方式使用特定的解决方案。

4. 伙伴协作

伙伴协作意味着不是一个人战斗，这要求我们与客户、利益相关者一同协作。

伙伴协作的核心思想可以归纳为如下两个方面。

（1）获得客户的信任，真实无伪。

（2）不闭门造车，与他人协作，互相沟通、共担责任。

仍以减肥为例。在减肥这条艰难的路上，一个人坚持是比较困难的，你需要有医生的建议作为指导，而且你会听到很多类似“忠言逆耳利于行”的话语。如果你减肥的目的是追求健康而不是漂亮，科学减肥特别重要。同时，你还需要营养专家的建议，需要大家互相沟通、共担责任，以使减肥更科学、有效。另外，你也需要一群志同道合的伙伴，在减肥的过程中互相鼓励、互相打气，提高减肥的效率，使自己持之以恒。

首先，获得客户的信任，真实无伪。

《示人以真》（帕特里克·兰西奥尼）一书对与客户建立类似伙伴关系间的信任，甚至使用了裸式咨询（Naked Consultancy）一词，用来体现当我们面对客户时所展现的谦卑度、无私度和透明度。裸式咨询的原则包括以下几项。

一是忘记销售：真诚热情、毫无保留地为对方服务。

二是直言不讳：敢于说客户不愿意听的话，关注客户需求，而不是保全自己的生意。

三是以身涉险：敢于大无畏地面对棘手问题，义无反顾地直面各种危机。

无独有偶，《信任的速度》（史蒂芬·柯维等）一书向我们展示了信任的强大力量，但建立信任经常被我们忽视。正如书中描述的一个故事：作者跟着向导去蒙大拿州钓鱼，向导指着眼前的一条河问作者看到了什么，能否看到鱼，作者说看不到；接着，向导递给了作者一副偏光太阳镜，这时，作者可以看穿水面了，他看到了好多好多鱼。信任就像这些鱼一样，是实际存在的，但是我们看不到。它起着非常重要的作用：信任足够，我们可以获得信任红利，使成本减少、效率提高；信任不够，我们将付出信任税，使成本增加。信任的力量足以改变一切。

书中给了 13 种快速建立信任的行为，具体如下。

行为 1：直率交流

行为 2：表达尊重

行为 3：公开透明

行为 4：匡救弥缝

行为 5：显示忠诚

行为 6：取得成果

行为 7：追求进步

行为 8：面对现实

行为 9：明确期望

行为 10：负起责任

行为 11：先听后说

行为 12：信守承诺

行为 13：传递信任

高信任度的“13 种行为”阐述了如何在个人关系和职业生涯中激发和维护信任，层层递进地为我们展现了一幅通过培养品德和能力、增强领导力和信心而在各个层面建立信任的路线图，令人信服地证明了信任是一个可测量的成效加速器。

其次，不闭门造车，与他人协作，互相沟通、共担责任。

我们有时候不想给别人“添乱”，就想通过自己的努力，独立完成分析和决策，甚至独立实施和推进。这就好比你是一名外科医生，需要给病人做一次外科手术，你能独立完成这个手术吗？即使你觉得自己的医术没有问题，而且自己有迎接困难的勇气，但是躺在手术台上的病人会有勇气接受吗？手术的成功不单单依靠外科医生的精湛医术，更需要一个专业医疗团队的协作，如麻醉师、护士、药师等人的通力协作。这个过程和绩效改进的过程是一样的，不闭门造车，与他人协作，互相沟通、共担责任，这是伙伴协作的核心内容。

以下的工作有助于大家建立伙伴关系。

- 在决策过程的每一个阶段，让客户与利益相关者一起参与。
- 认真倾听客户的诉求。
- 对客户诚实。
- 赞许并认可每一个对项目有贡献的人。
- 在团队内部与团队成员之间进行开放沟通。
- 通过互惠互利的方式，参与其他过程。
- 推荐专业知识领域外的专家。
- 推动关于事实调查、优先级设定、权重选择等的讨论。
- 确保目标客户的心声已被整合进方案的设计中。

5．保持中立

“RSVP+”原则中的“+”提醒我们，应始终把客户的需求和期望作为重心，保持解决方案的中立性，向客户推荐最合适的解决方案，而非自己最擅长的解决方案，或者带有明显个人偏好的解决方案。

接下来，我摘录了《绩效改进咨询实务手册》（第 2 版）（朱迪·赫尔）一书中的一则故事，我们来做一个小讨论，看看问题到底出在哪里。

一家大型的联合公司聘用了马克，让他负责该公司相关产品的生产和分销。工厂的主厂房在中西部，另外还有一个东海岸的厂房。在过去的两年里，中西部主厂房的市场份额有所流失，大部分产品不能按时交货，销售人员的流失率也非常高。而东海岸厂房的收益也只是仅仅达到财政目标而已。公司高层管理者告诉马克，他们担心会不断有客户抱怨产品的质量，无法如期交货的情况会不断发生，希望马克帮助他们解决这些问题。

马克决定向营销咨询师寻求帮助。营销咨询师建议更换产品形象，设计新的产品商标并实施新的产品营销策略。马克认为实施一套新的营销策略固然可以提高业绩，但是花费的时间太长。为了能够更快地看到成效，他又征询了销售咨询师的建议。销售咨询师告诉他，可以通过举办销售竞赛、改革奖金制度、采取激励措施等方法促进销售目标的实现。同时，公司总部的一位高级副总裁建议马克可以参考管理咨询师的建议，即围绕公司重要客户群（大宗购买者、机构购买者和分销商）的需求进行业务重组。马克对他之前就职公司的质量监督部门实施的成功案例印象深刻，因此他决定会见一下这位质量咨询师。质量咨询师提出了三条重要建议：建立跨职能团队；从接受订单到成品交货，树立每个团队的整体责任意识；通过科学的统计方法控制产品加工、销售的每个过程。马克的一位销售经理建议他聘用一位组织发展咨询师与管理团队合作，为马克所在的部门规划新的愿景和任务，并促进团队内部人员的交流。中西部主厂房的经理则建议他聘用一位培训师来提高销售业绩和生产部门的业务能力。一位人力资源咨询师建议他找出销售人员流失的原因，实施具有针对性的员工选拔项目，并对员工的士气进行调查。

请你认真思考一下，这个案例中真正的问题出在哪里呢？你会选择谁的解决方案？请尝试写在下列方框内。

请将书倒过来查看答案。

> **答案：**
>
> 这个案例中真正的问题在于，各位咨询师对解决方案都没有保持中立性，而是向客户推荐他们自己最擅长的解决方案。这就好比"锤子的眼里只有钉子"，他们提出的解决方案可能会解决一部分问题，但他们都没有系统化地提出解决方案。这就需要大家关注结果、系统思考、伙伴协作，从而为客户增加价值。

"RSVP+"原则是绩效改进中重要的内容之一，这些原则被国际绩效改进协会称为基本的原则，因为它们是其他原则的基础。这些原则的某些方面将会在项目中的各个阶段中有所体现。实践证明，当我们在任何阶段遇到困难或阻碍时，不妨回顾一下"RSVP+"原则，我们一定会发现自己在某一个原则上出现了问题。"RSVP+"原则犹如灯塔，先指引我们驶向正确的方向，然后鼓励我们披荆斩棘、勇往直前，最终到达胜利的彼岸。

回顾本章

接下来用一些简单的回顾性题目结束这一章的内容。请从每一项后面的括号中选出最适合这句话的词语。

（1）在"RSVP+"原则中，V 指的是（□伙伴协作 / □关注结果 / □保持中立 / □增加价值 / □系统思考）。

（2）"RSVP+"原则的其中一个原则是我们自始至终都要关注结果，结果和产出的意思是（□一样 / □不一样）的。

（3）系统思考要求我们全面地看待问题，强调关注 4W（World、Workplace、

Work、Worker），以及它们相互间的影响，其中“复杂的工作流程”属于（□World / □Workplace / □Work / □Worker）层面。

（4）增加价值可概括为（□获得客户的信任，真实无伪 / □为客户增加价值）。

（5）“RSVP+”原则中的“+”提醒我们，应始终把客户的需求和期望作为重心，保持解决方案的中立性，向客户推荐（□自己最擅长的解决方案 / □最合适的解决方案）。

1．答案

请将书倒过来查看答案。

答案：

（1）增加价值

（2）不一样

（3）Work

（4）为客户增加价值

（5）最合适的解决方案

2．解释

（1）在“RSVP+”原则中，R 指关注结果（Focus on Results）；S 指系统思考（Take a Systemic View）；V 指增加价值（Add Value）；P 指伙伴协作（Work in Partnership with Clients and Stakeholders）；“+”是《绩效构建》一书提出的观点，即保持中立。

所以，V 指的是增加价值。

（2）“RSVP+”原则的其中一个原则是我们自始至终都要关注结果，结果和产出的意思是不一样的。产出不一定是我们想要的结果。结果是指有价值的结果，绩效改进要求我们首先考虑有价值的结果，而不仅是产出。

（3）系统思考要求我们全面地看待问题，强调关注4W（World、Workplace、Work、Worker），以及它们相互间的影响。4W即世界层面（World），包括文化、社会等；工作场所层面（Workplace），包括组织、资源等；工作层面（Work），包括工作流程等；最后是员工层面（Worker），包括知识、技能等。所以，“复杂的工作流程”属于工作层面（Work）。

（4）增加价值可概括为为客户增加价值。这要求我们利用自己的专业知识，与客户一起高效地获取较好的决策、团队高质量的工作及高质量的最终产品。其核心思想包括两个方面：一是价值是针对客户而言的；二是好的决策是有价值的，如何达成好的决策更是有价值的。“获得客户的信任，真实无伪”是伙伴协作的核心思想之一。

（5）“RSVP+”原则中的“+”提醒我们，应始终把客户的需求和期望作为重心，保持解决方案的中立性，向客户推荐最合适的解决方案。在现实情况中，我们往往会犯“锤子的眼里只有钉子”的毛病，向客户推荐自己最擅长的解决方案，而不是最合适的解决方案。因此，我们需要系统化地提出解决方案，关注结果、系统思考、伙伴协作，从而为客户增加价值。

第 2 篇

确定目标

你如果无法度量它，就无法管理它。

——彼得·德鲁克

第 4 章　使用确定目标画布，确定目标

在开始介绍本章内容之前，我们先做一个小测试，以减肥为例。

为了达到减肥的目的，你需要做如下工作，同时你要清楚做这些工作的目的是什么，从而保证你的工作是有意义的。假设以下的选项都属于目标，请将它们归类到相应的层级，并将序号填写至图 4-1 中目标层级的空白方框内。请特别注意目标的箭头顺序。

（1）健康；（2）跑步；（3）吃减肥药；（4）游泳；（5）少吃；（6）减肥；（7）漂亮；（8）抽脂手术。

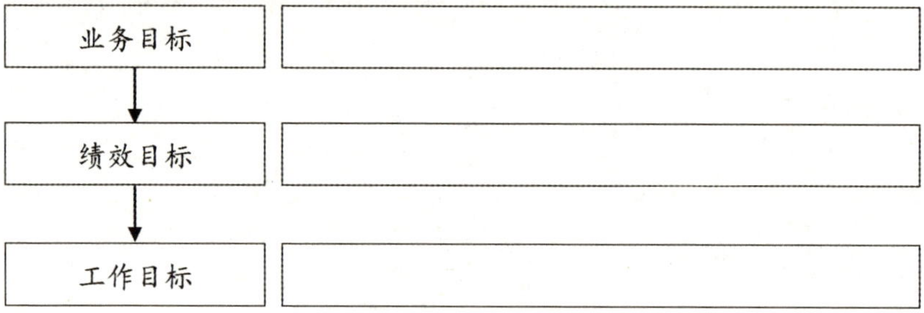

图 4-1　小测试：填写到相应的目标层级

请将书倒过来查看答案。

答案：

业务目标：（1）（7）；绩效目标：（6）；工作目标：（2）（3）（4）（5）（8）。

你填写的答案如何？其中的关键是要理解目标的核心概念。

确定目标的核心概念

为何要设定目标？设定目标听起来或许理所当然，其实它至少有两个方面的意义：一是通过设定目标，希望到达的目的地会变得更加具体，类似有一条基准线，能够让我们评估效果、改善绩效；二是帮助我们避免偏离原来的目标，并拥有一个中长期的视角。当一个人忙于眼前的工作时，往往会忘记自己的目标。

目标是基于什么而来的呢？《绩效改进基础》（第 3 版）一书提出，组织的目标是基于组织的愿景、使命和战略而形成的。愿景、使命、战略和目标如表 4-1 所示。

表 4-1　愿景、使命、战略和目标

术　语	定　义
愿景	组织对其最终所期望状态的长远观点，是组织希望自我转变的最终形态。愿景是对组织独特的核心价值观和原则的描述
使命	组织存在的原因。正如组织的宗旨所表达的，组织的使命指明组织前进的方向和目的，同时组织的使命自身也受到市场需求、生产能力、自然资源、监管行为、技术、经销方法、所提供的产品和服务等类似因素的驱动
战略	组织为促进经营发展而制订的计划。战略的作用是确定组织的市场定位、发现和培育客户、在全球环境下与其他组织竞争、发展竞争优势、实现广泛的目标和目的等

续表

术　语	定　义
目标	组织希望取得的结果。目标必须与组织的愿景、使命和战略保持一致，并被清楚界定，同时具备相关性、可理解、符合实际，并且能反映组织的文化动态

资料来源：达琳·提姆，詹姆斯·莫斯利，琼·迪辛格. 绩效改进基础：人员、流程和组织的优化[M]. 3版. 易虹，姚苏阳，译. 北京：中信出版社，2013.

绩效改进商业画布中的确定目标画布，是根据目标层级来定义的，其前提是组织根据愿景、使命和战略确定了大方向，然后用具体的指标进行衡量。确定目标画布的目标包括三个：业务目标、绩效目标和工作目标。这三个目标之间存在层级关系，需要保持一致，这一点非常重要。

1. 业务目标

业务目标是基于组织的愿景、使命和战略而形成的结果性目标，如销售额、利润等。部分业务目标如表 4-2 所示。

表 4-2　部分业务目标

维　度	目　标	解　释
收入	营业收入	包括主营业务收入和其他业务收入
	销售收入	通过产品销售或提供劳务所获得的货币收入及应收账款
利润	销售利润	企业在其全部销售业务中实现的利润，包括主营业务利润
	净利润	企业当期利润总额减去所得税后的金额，即企业的税后利润
成本	直接成本	与特定的客户、产品或服务相关的成本，如原材料等
	间接成本	通常指日常开支，如销售、营销、人力和管理等费用

根据表 4-2 展示的部分业务目标，你会发现所有的业务目标都是由滞后性指标来衡量的。滞后性指标是我们对想要达到的业务结果的衡量指标。之所以称其为滞后性指标，是因为在获得它的数据之时，所有事情都已经发生并得到结果，所以这些指标总是滞后的。在组织中，往往最关注的就是滞后性指标，它也是衡量一个组织经营情况和健康程度的重要指标。

2. 绩效目标

绩效目标是基于业务目标而形成的过程性目标，如流失率、转化率等。接下来我将从快速消费品领域普遍存在的“人、货、场”分类角度，展示部分绩效目标，如表 4-3 所示。

表 4-3　部分绩效目标

维　度	方　向	目　标	解　释
人	顾客	连带率	顾客平均单次消费的产品件数
	员工	成交率	员工单位时间段内的成交笔数与单位时间段内的进店人数的比例
货	销售环节	缺货率	客户需要的商品的缺货数量与总发货量的比例
	售后环节	退货率	产品售出后被退回数量与同期售出产品总数量的比例
场	追踪指标	进店率	进店人数与顾客路过人数的比例
	效率指标	坪效	每坪的面积可以产出多少营业额

值得一提的是，绩效目标很容易被理解成业务目标的子目标，其实两者之间是有区别的。业务目标的子目标依然是业务目标，而绩效目标是过程性目标。

3. 工作目标

工作目标是基于关键差距的根因而形成的动作性目标，其实质是解决方案。例如，“减肥”是一个绩效目标，而在确定了关键差距和原因后，形成了如何减肥的动作集合，这就是工作目标。如果跑步是一个工作目标，那么在确定用跑步作为解决方案之后，我们就可以通过对跑步进行任务分解，制订详细的行动计划，以达到科学跑步的目的。有关工作目标（解决方案）的内容，我将在第 5 篇进行详细的阐述。

三层级目标与绩效改进商业画布的关系如图 4-2 所示。

通过上文对三层级目标的阐述，我们知道绩效改进商业画布的确定目标画布主要关注业务目标和绩效目标，在分析完现状和原因后，再确定工作目标（解决方案）。

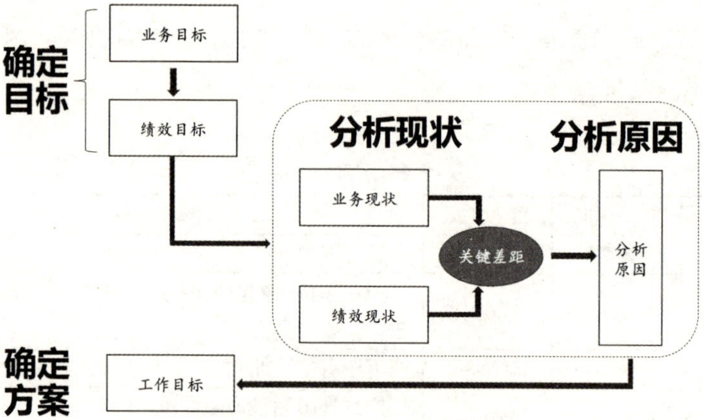

图 4-2　三层级目标与绩效改进商业画布的关系

4．三层级目标需要保持一致

回到本章开始的减肥案例，如果你的业务目标是健康，而不是漂亮，可用三层级目标进行展示（见图 4-3）。

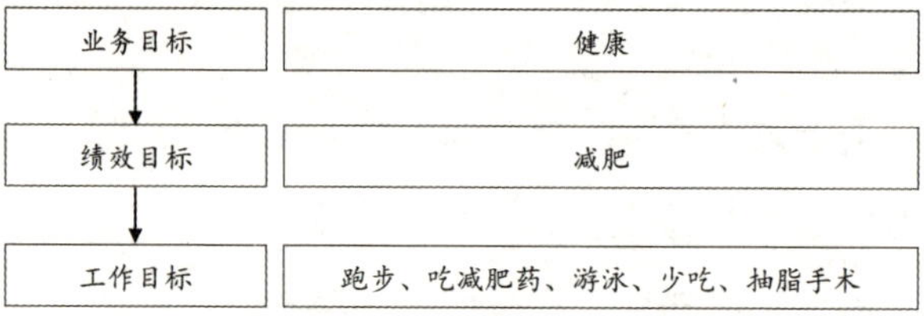

图 4-3　以健康为业务目标的三层级目标

仔细观察图 4-3，你是否发现了一个逻辑上的问题？如果健康是你的业务目标，那么通过减肥这个绩效目标是可以达到的。再看减肥的工作目标，具体包括跑步、吃减肥药、游泳、少吃、抽脂手术，通过这些工作目标也可以达到减肥这个绩效目标。业务目标是健康，而工作目标中的吃减肥药、抽脂手术，对业务目标的达成有较大风险，甚至有损健康，因此这些工作目标是不能选择的。

同时，跑步、游泳和少吃也需要评估。针对不同年龄和身体状况的人，应该有针对性地制订详细的方案，否则也可能有损健康。所以，我们需要保持三层级目标的一致性。

接下来，我们再做一个小测试，评估一下你对本节内容是否已完全掌握。

请认真分析图 4-4 中的内容，判断虚线框内描述的目标属于哪个目标层级。请将具体的答案序号填写到最下方的空白方框内。

（1）业务目标　　（2）绩效目标　　（3）工作目标

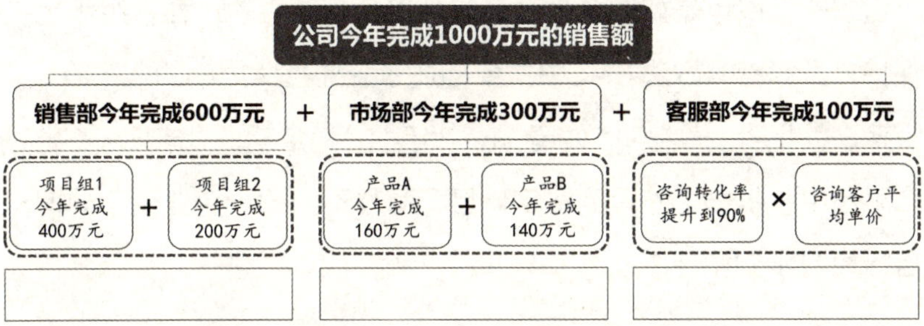

图 4-4　小测试：判断虚线框内的三层级目标

请将书倒过来查看答案。

答案：

第一个方框内是"（1）业务目标"，其实质是从销售角度对业务目标进行分解；

第二个方框内也是"（1）业务目标"，其实质是从产品角度对业务目标进行分解；

第三个方框内是"（2）绩效目标"，即基于业务目标而形成的过程性目标。

对照答案，你做得如何呢？理解三层级目标非常重要，只有我们的目标是一致的，才能保证我们的航向总是保持正确的方向。

确定目标的注意事项

1. 企业生命周期与目标

在实践中，企业生命周期与目标之间具有一定的关联性。应重点关注企业生命周期发展阶段中的决定性目标，这对我们确定目标会有帮助。

《企业生命周期》（伊查克·爱迪思）一书认为："任何一个系统，不管是会呼吸的还是不会呼吸的，都有其生命周期。生物本身都会经历出生、成长、衰退和死亡的过程，人类一直试图通过技术的发展，找到永葆青春的方法。同样，组织的发展也是如此，也会经历从出生到死亡的过程，组织也在努力寻找保持自身健康的方法。"该书主要描述了企业生命周期的八个阶段，分别是孕育期、婴儿期、学步期、青春期、壮年期、稳定期、贵族期、官僚期。在这八个阶段中，每一个阶段的决定性目标都是不同的。企业生命周期与其决定性目标如图 4-5 所示。

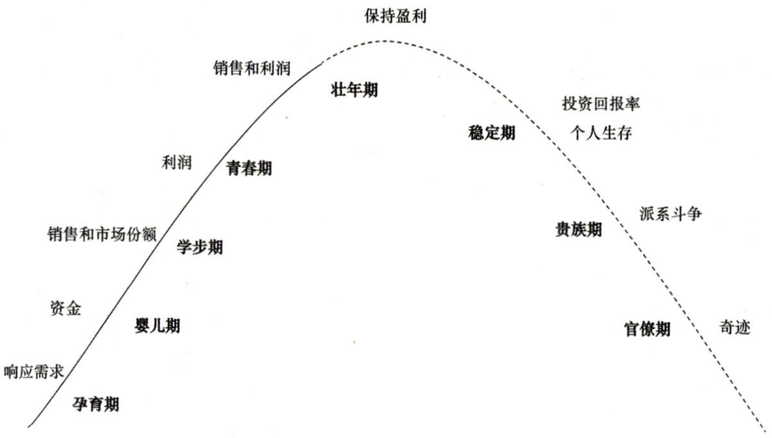

图 4-5　企业生命周期与其决定性目标

资料来源：伊查克·爱迪思. 企业生命周期[M]. 王玥，译. 北京：中国人民大学出版社，2017.

为了更容易记忆和应用，我们把这八个阶段归纳为四个阶段：起步阶段、发展阶段、稳定阶段和衰退阶段。企业发展的四个阶段与其决定性目标如表 4-4 所示。

表 4-4　企业发展的四个阶段与其决定性目标

阶　段	生 命 周 期	决定性目标
起步阶段	孕育期和婴儿期	响应需求、资金
发展阶段	学步期和青春期	销售和市场份额、利润
稳定阶段	壮年期和稳定期	销售和利润、保持盈利、投资回报率
衰退阶段	贵族期和官僚期	个人生存、派系斗争、奇迹

通过理解以上四个阶段与其决定性目标的关系，我们可以在研讨和分析的过程中，预先判断组织层面关注的决定性目标是什么，从而验证确定的目标的维度是否正确。当然，由于环境的复杂性和变化性，企业生命周期与其决定性目标的关系只能作为参考，而不能绝对一一对应。

2. 定量和定性分析

定量分析的是可以用明确的数值或资料等呈现的因素，如营业额、销售量、员工人数、客户人数、价格等。定量信息以数字事实为依据，且任何人看见都能立刻获得共识。

定性分析的则是无法通过数字表达的其他相关因素。定性分析可以明确呈现方向、目的、原因、关联性、意义和脉络等。

尽管两者不同，但两者能够兼顾。例如，在分析“竞争对手 A 公司的营业额不断增长”时，用定量分析的方法思考，就是“竞争对手 A 公司的营业额每个月增长 50 万元”，如果只看“营业额不断增长”，则无法得知这件事是否构成威胁（是否应该重视它）。再继续剖析同一个例子，如“新产品的促销广告深受 20 ~ 29 岁女性喜爱，在良好口碑的宣传下，竞争对手 A 公司的营业额每个月增长 50 万元”。如果只看“营业额每个月增长 50 万元”，则无法理解其背景或未来动向，很难检讨自己接下来应该做什么，由此可知收集定性信息同等重要。

目标是定量的，即符合 SMART 原则（S 即 Specific，具体的；M 即 Measurable，可衡量的；A 即 Attainable，可达到的；R 即 Relevant，相关的；T 即 Time-bound，有时限的），我们最终确定的目标应当符合这个原则。有一种例外情况还需要我们用定性分析的方法来判断目标是否一致。

在一次绩效改进商业画布工作坊的讨论中，某教育机构的 HR 团队在理解了三层级目标之后，对团队的目标进行了重新梳理，最终确定为“某事业部降低非教师人员离职率从去年 60%到今年 40%”。这个目标是一个典型的绩效目标，我接着问他们这个绩效目标的业务目标是什么，他们画出了这两个目标的逻辑关系，如图 4-6 所示。

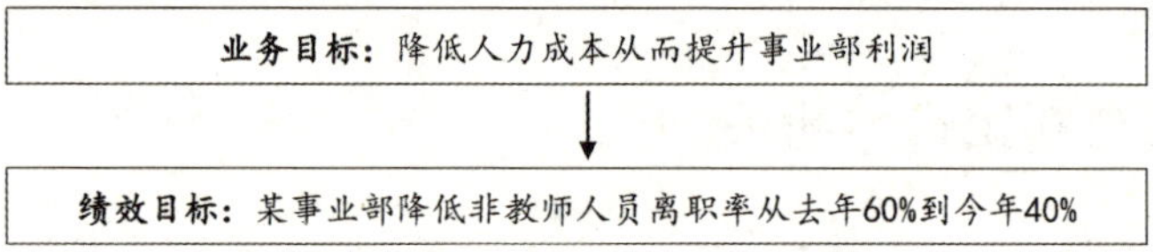

图 4-6　业务目标与绩效目标的逻辑关系

我仔细地看了一下，然后问他们：“如果离职率降低到你们确定的目标，那么意味着人力成本是上升还是下降？”

他们想了想说：“我们知道老师的意思，可是留住这些人可以带来更高的收益。”

我回答说：“是的，有这个可能，但也有可能使成本更高，因为他们不是直接带来收入的一线教师人员。如果为了提升利润，我宁愿用更少的人，而不是更多的人，这样社保费用也能降低。如果你们今年的业务目标是提升事业部利润，那么你们确定的这个绩效目标就不是事业部所关注的，也就意味着这个绩效目标对事业部目标的达成帮助不大。”

他们接着想了想说：“如果事业部的业务目标是提升今年的人均效能，那么降低非教师人员离职率，是不是就有意义了呢？”

我回答说：“如果这个业务目标是真实的，不是为了降低成本，而是希望通过降低离职率来提升效能，也就意味着你们的绩效目标（降低离职率）与业务目标（提升今年的人均效能）具有一致性，我们研讨的目标就是有意义的。”

他们纷纷点头：“同时关注两个层级太重要了，当我们知道自己的目标是为了实现组织的哪一个战略方向而制定的，后面的很多动作都会不一样。”

我说：“是的，关注三层级目标可以避免我们为了做而做。”

这个案例研讨的是绩效目标，这个目标必须是定量的，且符合 SMART 原则。同时，我们还需要描述绩效目标到底支撑业务目标的哪个方向，即实现绩效目标的目的是什么，这样可以让我们保持航向的一致性。这个时候，我们对业务目标的描述可以是定性的，目的是理解绩效目标是为了解决业务目标的哪类问题而制定的，即业务方向，这样可以始终保持业务目标和绩效目标的一致性。

3. 可控目标和可影响目标

可控目标是组织中的部门可以直接控制的目标，是该部门的关键目标，是通过努力可以直接实现的目标，在目标实现的过程中主要由部门经理或直线经理承担相应责任。

可影响目标则是人员通过努力，只能影响其中的一部分，而无法全部实现的目标。这类目标通常需要多个部门或多个人员共同承担，如降低核心人员的流失率，不仅是人力资源部门的事情，更是各直线经理的责任。

在确定目标的过程中，建议以可控目标为主、可影响目标为辅。如果我们研讨的目标主要是可影响目标，就需要把相关部门召集起来，组成项目组，共同研讨、共同分析、共同决策、共同实施、共担责任。

确定目标的标准格式

在使用确定目标画布确定目标时，通常需要大家使用标准的确定目标格式——“主谓宾补”格式，即目标=主语（谁）+谓语（动词）+宾语（对象）+补语（什么时间，从现有 A 到 B）。确定目标的标准格式范例如表 4-5 所示。

表 4-5　确定目标的标准格式范例

主　语	谓　语	宾　语	补　语
卓越公司	提升	某单店销售额	从当前 100 万元到第 3 季度 150 万元

注：这类语句的格式为特殊处理的情况。

这种表达方式清楚地阐述了主体和对象，还包括现在的状态、将要达到的目标状态，以及达成目标的时限。尽管这个格式看起来非常简单，但是在实践中，很多管理者依然使用“语文式”的表达方式，类似“高端大气上档次”这类表达方式来确定目标。著名管理大师彼得 • 德鲁克说过：“你如果无法度量它，就无法管理它。”使用“主谓宾补”格式确定目标，可以避免“语文式”的表达，做到“数学式”的描述。

确定目标画布的应用工具

1. 主要工具

通过以上的探讨，确定目标画布的研讨框架主要以三层级目标为基础，如图 4-7 所示，这是确定目标画布的主要工具。

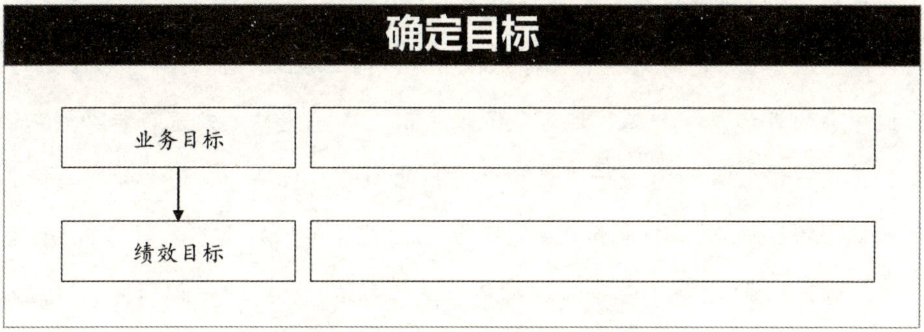

图 4-7　确定目标画布的研讨框架

使用这个研讨框架进行研讨，可以确保不同层级的目标保持一致。需要注意的是，在使用这个研讨框架时，应优先使用绝对值，警惕相对值。

绝对值是分析数据中使用的总量指标，是在一定时间、地点条件下的总规模、总水平的综合指标，如销售额、员工人数等。

相对值是由两个有联系的指标对比产生的，其数值表现为相对数，如员工流失率、转化率等。其基本公式为：相对值=比较数值（比数）/基础数值（基数）。

我们在使用确定目标画布的研讨框架时，如果确定的目标是相对值，建议把绝对值也一同体现出来。

上文中某教育机构 HR 团队的案例，他们最终确定的绩效目标是“某事业部降低非教师人员离职率从去年 60%到今年 40%”。

在确认了两个层级的目标保持一致后，我又提出一个请求，在相对值（60%和 40%）的基础上把绝对值（离职人数/员工人数）中的“离职人数”和“员工人数”用数字表示出来。放入绝对值后的分析如图 4-8 所示。

看完之后，我有点哭笑不得。我问他们，看着需要降低 20%的离职率，差距有点大，但实际上只要在现有人数不变的情况下，再留住 1 个人就可以达到目标，你们的目标是不是拍脑袋想出来的？他们很不好意思地点点头说，之所以临时想出，是因为这个目标是在听完我对三层级目标的解释后修正的，他们原来的目标是一个工作目标（解决方案），而确定绩效改进目标必须回到业务目标或绩效目标上进行研讨和确定，他们一时找不到合适的研讨目标，所以就“拍了脑袋”。我表示理解，又问他们教师团队的离职率高不高，他们回答“很高”。这个群体是事业部特别关注的群体，我建议他们研究一下过往的数据，看是否有事业部特别关注的难题没有解决，再重新确定目标。后来，他们重新确定了以核心教师团队的离职率问题为研讨主题，这也是当年事业部特别关注的一个难题。

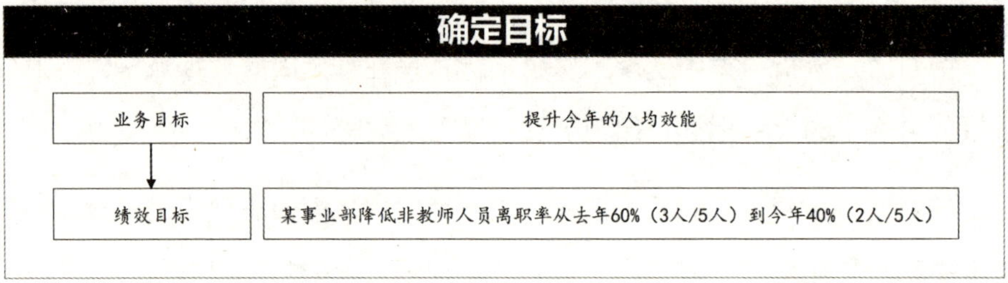

图 4-8　放入绝对值后的分析

2. 其他工具

除确定目标画布的研讨框架外，还有一个非常好用的确定目标工具：平衡计分卡（BSC）。

1）定义

平衡计分卡也称战略地图，它从财务、客户、内部流程及学习与成长层面进行衡量，能有效解决制定战略和实施战略脱节的问题。同时，在视觉化的展示下，它层次分明、量化清晰、简单明了。平衡计分卡的逻辑如图 4-9 所示。

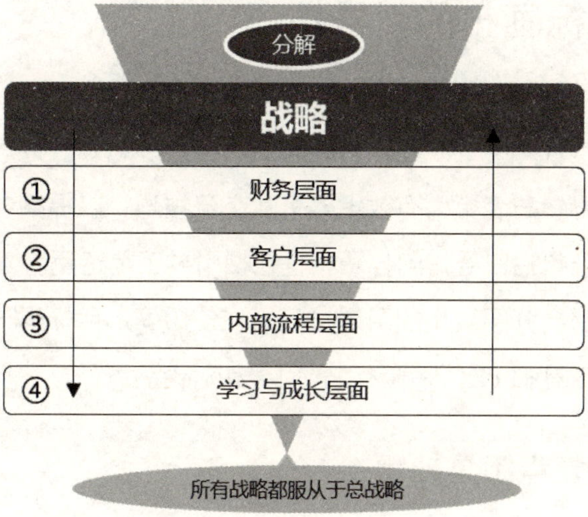

图 4-9　平衡计分卡的逻辑

2）五项关键原则

（1）将战略转变为业务术语。

（2）使组织与战略保持一致。

（3）使战略成为每个人的日常工作。

（4）使战略成为连续的过程。

（5）通过果断、有效的领导方式动员变革。

3）平衡计分卡与三层级目标的关系

平衡计分卡的四类指标，其中财务层面指标是基于战略价值的结果性指标，即业务目标，其他层面指标（包括客户层面、内部流程层面和学习与成长层面）都是基于业务目标而形成的过程性指标，即绩效目标。当我们无法判断目标的层级时，可以使用平衡计分卡进行判断。

确定目标画布的引导技巧

引导技巧是针对绩效改进顾问而言的。在开展绩效改进研讨会时，可利用引导技巧引导参与者更为有效地分析和交流技巧，以提高参与者的反思质量。引导技巧既包括引导提问技巧，也包括引导工具运用。本书第 2 篇至第 5 篇的每一章都会介绍实用的引导技巧。在使用确定目标画布确定目标时，建议使用复盘工具和 PDCA 循环进行引导和讨论。

1. 使用复盘工具

复盘工具特别适用于中高层管理者在绩效改进研讨会或计划改善业务研讨会时进行引导，一般是在确定目标环节刚刚开始时，用复盘工具回顾一个时段内组织的整体业务情况，引导组织更多地聚焦于至关重要的目标（Wildly Important Goal，WIG）。至关重要的目标是必须达成的目标，而不仅仅是好的目标。然后层层分解，可以得到部门层面至关重要的目标，这将为组织选择更有价值的绩效改进课题（有关课题选择，我将在第 5 章中予以详细阐述）提供极大的帮助。复盘工具表如表 4-6 所示。

表 4-6 复盘工具表

回顾目标	
组织目标	团队目标
当初组织的目标是什么	团队的计划怎么制订 制订的计划是什么
评估结果	
组织亮点	团队亮点
与组织目标进行比较	根据组织目标，与团队目标进行比较
组织未达成事项	团队未达成事项
与组织目标进行比较	与团队目标进行比较
分析原因	
组织层面、团队层面都需要描述	

续表

复盘总结
学到了哪些经验？吸取了哪些教训？改善及衡量的标准是什么 哪些可以做得更好

在真实研讨中使用这张表时，你可以只罗列复盘的问题，其他空白处可让参与者填写或研讨使用。当然，这些问题也可以提前给团队成员，以便他们准备得更为充分，你也可以探索更多能够引起大家反思的好问题。

2．使用 PDCA 循环，引发反思

PDCA 是通过反复进行“Plan”（计划）、“Do”（执行）、“Check”（核查）、“Action”（行动）四个步骤，以加大思考深度的逻辑框架。因为持续反复地进行这个过程，所以这个框架又被称为 PDCA 循环，它对于提升营业额、提高产能、达成目标等都有帮助。

绩效改进是“让已经做得很好的事情变得更好”，或者对“现在做得不好，但下次可以做得好的事情”进行探索和研究。而通过 PDCA 循环的提问和反思，可以修正有问题的地方，或者使现状变得更好。

PDCA 循环提问的逻辑框架如图 4-10 所示。

PDCA 循环是组织内所有层面的员工都适用的引导工具。它不仅可以用于组织层面的绩效改进，也可以用于个人的绩效改进。用这个工具引导大家反思的好处是比较快速、高效，可以很快总结出未来重点关注的方向，之后再确定目标就会非常清晰，更重要的是大家一起探讨出的内容，在后面实施和推动时遇到的阻力和障碍会更小，这对绩效改进本身是一个变革项目来说，非常有价值。

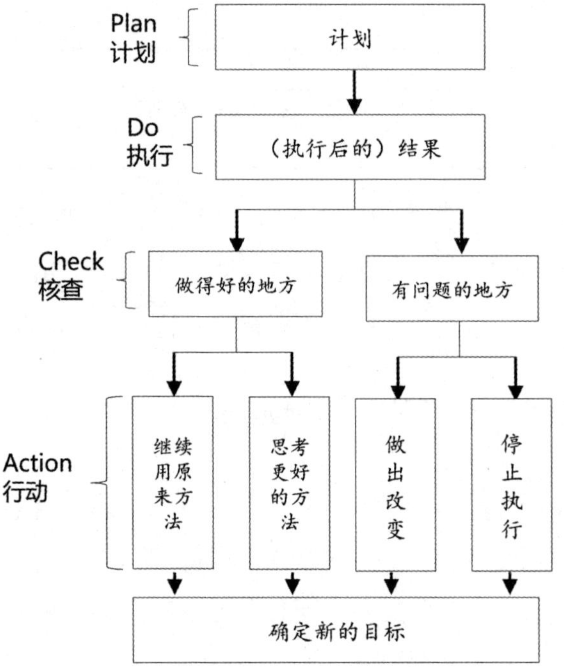

图 4-10　PDCA 循环提问的逻辑框架

回顾本章

接下来用一些简单的回顾性题目结束这一章的内容。请从每一项后面的括号中选出最适合这句话的词语。

（1）业务目标、绩效目标和工作目标是绩效改进关注的三层级目标，这三个目标需要保持一致，这一点非常重要。其中，（□业务目标 / □绩效目标 / □工作目标）是基于组织的愿景、使命和战略而形成的结果性目标。

（2）流失率一般属于（□业务目标 / □绩效目标 / □工作目标）。

（3）定量和定性分析，两者（□能够 / □不能）兼顾。

（4）在使用确定目标画布确定目标时，通常需要大家使用标准的确定目标格式，这个格式是（□SMART 原则 / □“主谓宾补”）。

（5）可以用于组织层面的绩效改进，也可以用于个人的绩效改进的引导工具是（□复盘工具 / □PDCA 循环）。

1．答案

请将书倒过来查看答案。

答案：

（1）业务目标

（2）绩效目标

（3）能够

（4）“主谓宾补”

（5）PDCA 循环

2．解释

（1）业务目标、绩效目标和工作目标是绩效改进关注的三层级目标，这三个目标需要保持一致，这一点非常重要。其中，业务目标是基于组织的愿景、使命和战略而形成的结果性目标；绩效目标是基于业务目标而形成的过程性目标；工作目标是基于关键差距的根因而形成的动作性目标，其实质是解决方案。

（2）流失率一般属于绩效目标。因为绩效目标是基于业务目标而形成的过程性目标，流失率就是过程中的指标，而这个指标的目的才是业务目标。

（3）定量和定性分析，两者能够兼顾。定量分析的是可以用明确的数值或资料等呈现的因素，如营业额、销售量等。定量信息以数字事实为依据，且任何人看见都能立刻获得共识。定性分析的则是无法通过数字表达的其他相关因素。定性分析可以明确呈现方向、目的、原因、关联性、意义和脉络等。尽管两者不同，但两者能够兼顾。

（4）在使用确定目标画布确定目标时，通常需要大家使用标准的确定目标格式，这个格式是“主谓宾补”，即目标=主语（谁）+谓语（动词）+宾语（对象）+补语（什么时间，从现有 A 到 B）。

（5）可以用于组织层面的绩效改进，也可以用于个人的绩效改进的引导工具是 PDCA 循环。PDCA 循环是组织内所有层面的员工都适用的引导工具。用这个工具引导大家反思的好处是比较快速、高效，可以很快总结出未来重点关注的方向，之后再确定目标就会非常清晰，更重要的是大家一起探讨出的内容，在后面实施和推动时遇到的阻力和障碍会更小，这对绩效改进本身是一个变革项目来说，非常有价值。

第 5 章 使用确定课题画布，确定课题

确定课题的核心概念

1. 问题与课题

确定目标的目的是解决问题。

何谓问题？理想与现实之间的落差就是问题。假设我们设定的理想状况是“把某单店月营业额提升至 100 万元”，而现状是月营业额只有 50 万元，那么两者就存在 50 万元的差距，这些差距就是我们所称的“问题”。再假设理想状况是“0 投诉”，但实际情况是接到 10 个投诉，两者的差距就是问题，即“10 个投诉”。

《企业生命周期》一书中阐述了一个观点：问题具有永恒性。因为变化一直存在，而变化本身就会引发问题，由变化所引发的问题都将产生一个解决方案，而该解决方案将导致更多的变化，由此循环。变化—问题循环如图 5-1 所示。

图 5-1　变化—问题循环

资料来源：伊查克·爱迪思. 企业生命周期[M]. 王玥，译. 北京：中国人民大学出版社，2017.

所有问题的解决过程都从目标开始，确定目标的过程就是定义问题的过程。我们用“主谓宾补”的格式进行结构化的定义。在确定目标之后，接着分析现状，确定目标的关键差距（绩效杠杆），再分析原因，建立采取行动和应该实施的机制，即解决方案。

问题与课题是有差异的。在上述假设中，把某单店月营业额提升至 100 万元，但实际上只有 50 万元，这是问题。经过绩效改进商业画布的分析，确定具体措施，如“多拜访 10 个新客户”，这个分析过程就是课题。

课题是为弥补落差（问题）而采取措施的分析过程。使用绩效改进商业画布完成课题分析的过程如下：使用确定目标的两个子画布，先将问题明确化，从这些明确化的问题（确定的目标）中，选择最需要研讨的目标来确定课题；使用分析现状的两个子画布，先分析现状，再确定关键差距；使用分析原因的两个子画布，先分析原因，再确定根因；使用确定方案的两个子画布，先确定解决方案，再策划实施和推进解决方案的任务和计划，最后评估课题是否得到了解决。

问题与课题的区别如图 5-2 所示。

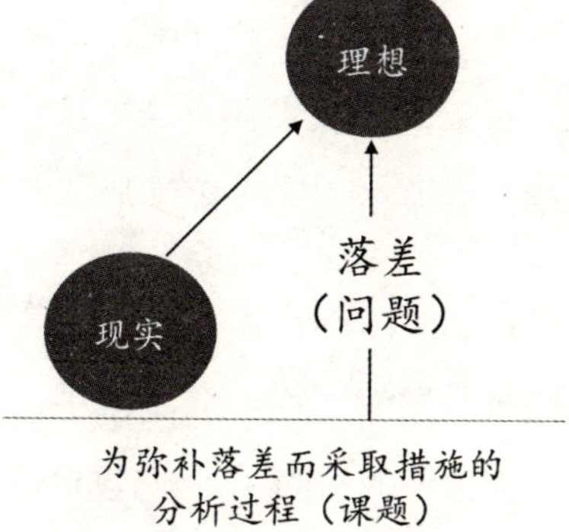

图 5-2　问题与课题的区别

如果我们讨论的目标只有一个，这个目标就变成了课题，就不需要使用确定课题画布了。确定课题画布的假设是基于多个目标需要解决，我们如何选择更有意义的课题的过程。正如吉德林法则所说：当把问题清楚地写出来时，问题就已经解决了一半。

2．课题选择的维度

课题选择具有重要性、可控性和挑战性三个维度，我们可以用这三个维度来筛选和确定课题。

1）重要性

重要性包括与组织战略目标的吻合程度和高层的重视程度。

与组织战略目标吻合是重要性的首要要求。在确定目标阶段，我们需要关注组织战略目标的变化。在“乌卡时代”，唯一不变的就是变化。组织的战略目标也会随着外部的变化而变化，我们需要跟随这种变化，正确处理短期目标与长期目标的关系，确保我们确定的课题与组织战略目标同步。

高层的重视也是非常重要的，就像莱昂纳德·科恩的《颂歌》里的一句歌词：“万物皆有裂痕，那是光照进来的地方。”如果“弥补裂痕”是我们亟待解决的课题，那么只有光照进来，这个课题才会得到更多的关注。因此，课题越受到高层的重视，组织能够提供的资源支持就会越多，在取得成果之后，就更容易在组织内复制，推广的力度也将更大。

与高层重视相反的维度是“我认为这个目标是重要的”。在现实中，这种想法比较危险。我们只顾着眼前的工作，而忘记了为何赶路，就像电影《爱丽丝漫游奇境记》里爱丽丝与猫的对白：爱丽丝问猫“该走哪条路”，而猫问爱丽丝“想去哪里”，爱丽丝回答“去哪里都无所谓”，猫回答“走哪条路也就无所谓了”。同样的逻辑，当我们为了赶路而赶路时，具体去哪里也就无所谓了。

在一次绩效改进的研讨会上，我看到一个小组最终确定的课题是“某公司提升员工人均培训课时从当前0.5h/人到第三季度0.9h/人”。我很清楚这个课题是投入，不是产出（在第3章“增加价值”中有相关阐述），于是我接着问这个小组：“这个目标实现后的产出是什么？”“是我们工作做得很到位。”他们回答。我表示理解，然后接着问：“把员工人均培训课时提升到0.9h/人，你们觉得高层会在意这个数据吗？”他们回答：“我们不知道，我们知道的是这个目标对我们很重要。”我其实特别理解他们的想法，但我比较担心的是当他们最终确定了这个课题后，可能就只是参加一次研讨会而已，后面会不了了之。所以，我让他们重新回到确定目标画布环节，把业务目标和绩效目标的层级关系体现出来，后来他们把课题修改为“某公司缩短直线经理的培养周期从当前6个月到第三季度3个月”。这个课题就是有价值的，因为这是当时该公司高层关注的重点工作之一。

所以，高层所关注的重点才应是我们应重点关注的，而不是我们自己认为重要的。

2）可控性

可控性包括达成的可控程度和组织的支持程度。

可控性首先要考虑我们对课题达成的可控程度。一般而言，尽量选择可控目标，即通过自己的努力就可以达成的目标，以便在确定解决方案后，推进绩效改进项目的实施。如果选择的课题是可影响目标，即需要其他部门一同协作解决，我们不能一厢情愿地认为别人一定会协助，否则在确定了解决方案后，大家很可能以忙为借口推脱或延迟实施。这个时候，我们就需要在沟通上加大投入，与其他部门的关键人群达成共识，一起完成课题。

组织的支持程度是评价可控性的另一个维度。组织资源本身是有限的，需要投入资源的地方很多，如果我们选择的课题是在自己职权范围内可以达成的，动用的资源也完全可控，这个课题就会更容易达成。比较好的方法是缩小课题的范围，从而使课题更可控。

我曾帮一个销售团队梳理课题，他们最初确定的课题是“某集团提升销售额从当前 8000 万元到当年年底 1 亿元”。这是一个典型的业务目标，课题本身没有问题，不过我还是想确定他们是否可以控制这个目标，于是问：“这个课题非常好，特别重要，但是仅凭你们的努力能达成年底销售额达到 1 亿元的目标吗？”他们摇摇头，说：“不能，我们小组的人都是来自杭州西湖区的某个门店，我们是帮助组织努力达成销售额达到 1 亿元的几百个门店之一，仅凭我们一个门店是无法达成这个目标的。”我说：“是的，所选课题不仅要符合重要性维度，还要符合可控性维度，因此应把你们的课题区域范围缩小到你们可控的程度，这样资源的支持力度也会更高。”后来，他们把课题修改为“杭州西湖区某门店提升销售额从当前 100 万元到当年年底 130 万元”。

组织的支持程度也是我们需要考虑的重要维度，缩小课题的范围可以提高组织的支持程度，因为它几乎百分之百可控。

3）挑战性

挑战性包括达成的难易程度和覆盖员工的数量程度。

首先，课题达成应具有一定的难度，即通过判断现状，明确需要达成的课题要超过现有的水平，甚至高于组织原来确定的目标值，实现起来有一定的难度，但也并非遥不可及，因为有人达成过。这个课题可以和组织内的最优绩效进行比较，如果这个课题已经是组织内的最优绩效，就建议和行业内的最优绩效进行比较。例如，某部门服务运营成本去年是 300 万元，今年要降低到 280 万元。经过测算，今年服务运营成本可以降低到 280 万～290 万元，而组织内部某一地区的服务部门的运营成本已经降低到 280 万元以下，本身要达成这个降幅并不太难，如果我们把课题定为降低到 280 万元，就不具备挑战性，如果把课题换成“某部门降低服务运营成本从去年 300 万元到今年 250 万元”，再和行业内的服务运营成本进行比较，大概为 240 万～260 万元，这样的课题就具备一定的挑战性。

挑战性的另一个评价维度是覆盖员工的数量程度。如果课题覆盖员工的数量很少，就相对容易实现，意味着挑战性不是很高，这也是我们在选择课题时应避免的。

确定课题画布的应用工具

1. 主要工具

确定课题画布的应用工具是基于课题选择的重要性、可控性和挑战性这三个维度而开发的，确定课题画布的研讨框架如图 5-3 所示，这是确定课题画布的主要工具。

确定课题

课题	重要性		可控性		挑战性		总分	优先级
	与组织战略目标的吻合程度	高层的重视程度	达成的可控程度	组织的支持程度	达成的难易程度	覆盖员工的数量程度		

图 5-3　确定课题画布的研讨框架

这个研讨框架使用课题优选矩阵作为主要工具，我们把这个优选矩阵用表格的方式详细呈现出来，并用一个假设的案例填入这张表格，从而确定最终的课题，如表 5-1 所示。

表 5-1　课题优选矩阵　　单位：分

课题	重要性		可控性		挑战性		总分	优先级	其他意见
	与组织战略目标的吻合程度×2	高层的重视程度×2	达成的可控程度×2	组织的支持程度	达成的难易程度	覆盖员工的数量程度			
目标 1	4	4	4	5	4	3	36		
目标 2	2	3	3	4	4	5	29		
目标 3	2	3	2	4	4	4	26		
目标 4	4	4	5	5	4	2	37		
目标 5	5	5	5	5	4	5	44	√	
目标 6	2	3	4	4	3	5	30		

评分标准：

（1）每个变量请按 1～5 分评分，1 分表示程度最低，5 分表示程度最高。

（2）前 3 项变量建议权重乘以 2，使结果更易选择，与后 3 项的计算总和填入总分栏中。

（3）对确定的目标进行优先级排序，如果有不同建议可以填入相关栏中。

（4）最终确定一个目标作为课题。

最终确定的课题：<u>　目标 5　</u>。

通过课题优选矩阵，可以确定课题的优先级。由于这个优选矩阵是通过量化分析而来的，是理性分析的结果，所以得分最高的课题往往是我们最终确定的课题。在实践中，也偶尔会出现最终选择的课题不是罗列在优选矩阵中的课题，而是在“其他意见”栏中的课题。

有一次，某绩效改进 6 人小组根据确定课题画布的研讨框架，最终确定的课题是“某项目公司提升完成率从去年 50%到今年 80%”。这个课题是从小组成员的 6 个目标中最终选定的，经过了确定目标画布中对于绩效目标和业务目标之间层级关系的分析，也经过了课题优选矩阵的筛选。最后，小组成员还对最终确定的课题进行了定性分析，使全体成员能够充分理解最终课题的意义所在，也给予其他成员提问和理解的机会，从而对课题的定义更为清晰。该小组的导师（小组共同的分管领导）在听完小组的陈述后，对小组成员说：“你们确定的课题是公司特别需要的课题，同时，这个课题是一个长期目标，我们最近 3 个月内还有一个更为紧迫且重要的课题，不在这个优选矩阵中，我特别建议你们选择我说的这个课题。”经过与导师的一番探讨，他们最终选择了导师提议的课题。

上面的案例就是真实存在的“其他意见”，并需要记载在课题优选矩阵中。这个案例还提供了一个推动绩效改进项目实施的小技巧，就是如果在课题小组研讨的过程中，邀请小组成员的共同上级作为导师，就会提高小组成员对课题的投入程度和研讨的质量。因为导师的视角往往与课题小组成员的视角不同，不同视角的碰撞会擦出很多奇妙的火花，甚至改变课题的最终方向。另外，引入导师还有一个好处——可以提高组织对绩效改进课题的支持程度，无论是情感上的支持，还是资源上的支持，都会减小推进绩效改进项目实施的阻力，使绩效改进项目得以顺利开展。

为了让大家理解最终选择的课题，并在思想上保持一致，除进行定量分析外，还需要进行定性分析，以确保小组成员清晰地理解课题及其所代表的内涵。有关定性分析的内容我将在本章“确定课题画布的引导技巧”中予以详细阐述。

2. 使用确定课题画布的注意事项

1）先使用确定目标画布，再使用确定课题画布

先确定目标的好处是对三层级目标进行了梳理，避免研讨的目标是工作目标，进而避免了我们直接跳到解决方案，没有“只开方，不诊断”。然后把确定的目标使用确定课题画布的研讨框架进行优选，最终确定课题。这个过程可以大大节省时间，同时提高研讨的质量。但在现实中，会出现跳过确定目标画布，直接确定课题的情况，导致最终确定的课题属于“正确的废话”。以下是只使用确定课题画布确定的最终课题。

快速提高产品品质，以质量立足市场

这个课题直接跳到了解决方案。同时，优选课题的过程却被披上了“理性分析”的外衣。尽管这个课题是通过课题优选矩阵进行量化分析得来的，但它属于“正确的废话”。所以，我们在进行绩效改进课题的研讨分析时，一定要先使用确定目标画布，再使用确定课题画布。

2）保持评分标准的一致性

在课题优选矩阵中，有 3 个维度、6 个指标，每个指标按 1 ~ 5 分评分，1 分表示程度最低，5 分表示程度最高。但在确定课题的过程中，参与者经常

会用不同的评分标准来打分，致使最终确定的课题的价值大打折扣。

我曾遇到过参与者在打分中无比纠结的情况。当时，我注意到他们在挑战性这个维度中有一个指标的打分标准与其他指标的打分标准完全相反。我问他们："你们对课题达成的难易程度是如何评价的？""越容易就打 5 分，越难就打 1 分。"他们回答说。我点点头，接着问："你们对高层的重视程度是如何评价的？""越重视就打 5 分，越不重视就打 1 分。"他们接着回答。我又点点头，反问他们："大家把这两个评分标准放到一起，有没有发现问题？"他们思考了一会，有人说到："天啊，这两个指标的打分标准是相反的，我看了其他几个指标的打分标准，都与课题达成的难易程度相反，我们应该在这个指标上，越难打 5 分，越容易打 1 分。"大家恍然大悟，开始重新打分，最终确定了一个特别好的课题。

这种情况不仅在确定课题画布中出现过，在确定方案画布中也遇到过，有关确定方案画布的内容我将在第 5 篇中予以详细阐述。

3. 其他工具

"紧迫性/重要性矩阵"工具在本书的导言中有所提及，它也非常适合用在确定目标之后，用来确定课题的优先顺序。"紧迫性/重要性矩阵"特别适合没有太多时间做分析，希望提高效率，快速确定课题的情况。它结构简单，通过视觉化表达的方式，参与者一目了然，从而高效决策。我们举一个使用"紧迫性/重要性矩阵"确定课题的简单案例，如图 5-4 所示。

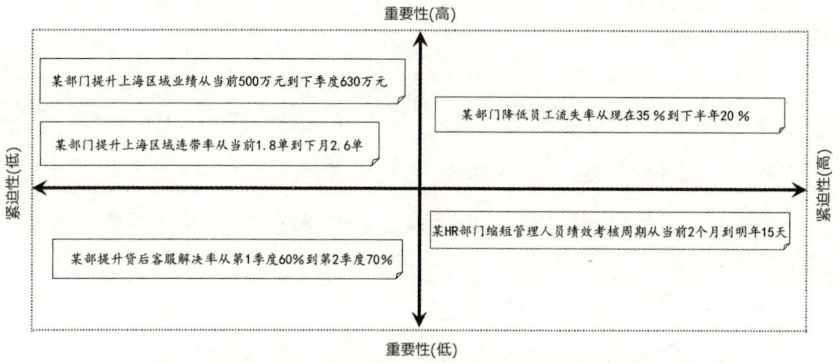

图 5-4　使用“紧迫性/重要性矩阵”确定课题

1）定义

“紧迫性/重要性矩阵”是通过“紧迫性”和“重要性”两种评分基准来整理、讨论、决定事务优先顺序的框架。这是非常经典的框架，从与组织相关的课题到个人生活中面对的课题，在任何情况下都可以运用这个框架。在利用“紧迫性/重要性矩阵”将整体概念视觉化后，如果在“紧迫/重要”都高的象限里出现两个以上课题，除确定课题的优先顺序外，还需要思考每个课题需要投入的资源是多少，包括但不限于人力资源和时间资源等。

另外，在课题过多时，也可以使用“紧迫性/重要性矩阵”九宫格矩阵确定课题，如图 5-5 所示。只要增加格子，就能更仔细地研讨每个课题并思考对策。

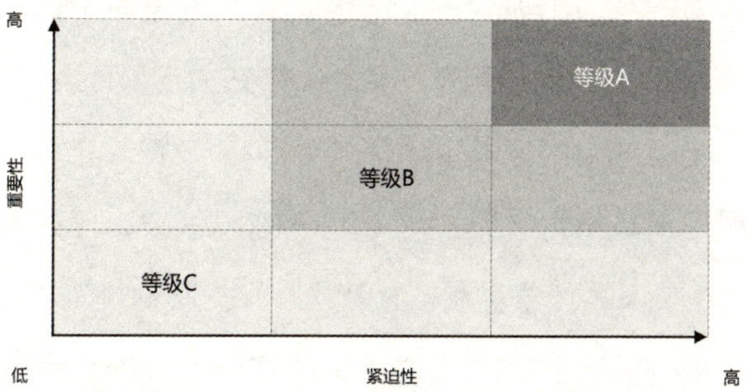

图 5-5　使用“紧迫性/重要性矩阵”九宫格矩阵确定课题

2）研讨步骤

首先，把参与者确定的目标都放入矩阵中。事先设定“紧迫性”“重要性”的定义和标准，是有效运用的关键。尤其是团队成员一起使用时，更应先将事情讨论清楚。另外，建议事先把课题写在便利贴上，以便更轻松地掌握整体概况。

其次，确定优先顺序。整理好矩阵后，便可思考优先顺序。在思考时应时刻参考“紧迫性”和“重要性”的高低。以下的里程碑清单，可以作为检验“紧迫性/重要性矩阵”最后是否完成的标志性动作。在结束研讨之后，可在完成的动作前打钩，如果清单上的动作都打了钩，就表示我们的研讨是成功的。

□所有成员皆已了解“紧迫性”和“重要性”的定义

□所有成员皆已了解每个课题在“紧迫性”和“重要性”上的定位

□已掌握每个选项所需耗费的资源

3）警惕“紧迫性”陷阱

一直只在乎“紧迫性”的人，往往容易忘记思考“不紧迫但重要的事”。例如，锻炼身体就是不紧迫但重要的事，当我们忙碌时，往往就忘记了锻炼身体。只有当我们的身体出现问题时才会想起锻炼身体，这时可能为时已晚了。学习也是不紧迫但重要的事情，很多人都知道但做不到，因为“紧迫性”经常优于“重要性”。在组织经营的过程中，如“开拓新市场”等投资因素较强的业务，就很容易被归为“紧迫性”较低的类别中，但如果没有进行这项业务，便很难培养未来的竞争优势。倘若只在乎“紧迫性”，便会失去未来性，这是值得我们警惕的“紧迫性”陷阱。解决这类问题的关键是同时关注“紧迫性”“重要性”都高和“紧迫性”低、“重要性”高这两个象限，如果只关注前者每天就会像“超人”一样工作，而同时关注后者，每天就会像“高人”一样生活。

确定课题画布的引导技巧

确定课题画布的主要工具是课题优选矩阵，这是定量分析的方法。我们在确定了最终的课题之后，还需要使用定性分析的方法进行描述，以使大家充分地理解最终确定的课题。在使用确定课题画布确定课题时，我特别建议使用“6W2H”引导工具进行引导和讨论。

“6W2H”引导工具可以帮助我们厘清最终确定的课题，并拓展思考范围。“6W2H”包括“Who”“What”“Whom”“When”“Where”“Why”“How”“How Much”8 个问题。我们需要根据最终确定的课题，将这 8 个问题阐述清楚。有关“6W2H”的描述如表 5-2 所示。

表 5-2　“6W2H”的描述

6W2H	具 体 描 述
Who	明确列出承担课题的组织或部门，包括相关职责、人数等
What	明确列出和描述确定课题的事实和框架，如问题点、现状、产品或服务等
Whom	明确列出和描述针对的对象等
When	明确描述确定课题的日期等时间轴（一段时间或时间点）
Where	明确描述地点、位置、地理环境或地区
Why	明确列出和描述确定课题的目的、原因、意义、前提条件、目标或意图
How	明确列出和描述过往对于课题采取的手段、过程、方法、步骤、架构等
How Much	明确描述确定课题所需要付出的费用、人力资源等

假设我们最终确定的课题是“某部门降低‘90 后’员工流失率从当前 50%到下季度 20%”。使用“6W2H”引导工具对确定课题描述的示例如图 5-6 所示。

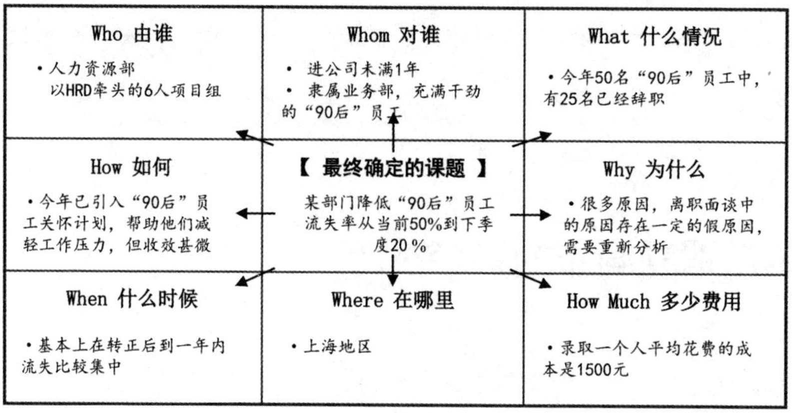

图 5-6 使用“6W2H”引导工具对确定课题描述的示例

“6W2H”引导工具不仅可以用于确定课题之前的解释，而且在收集和整理资料或意见调查时，都能派上用场。

回顾本章

接下来用一些简单的回顾性题目结束这一章的内容。请从每一项后面的括号中选出最适合这句话的词语。

（1）根据《企业生命周期》一书中的观点，问题具有（□永恒性 / □暂时性）。

（2）问题与课题的内涵是（□一样 / □不一样）的。

（3）达成的难易程度是课题选择三个维度中的（□重要性 / □可控性 / □挑战性）维度。

（4）确定课题画布（□一定 / □不一定）需要使用。

（5）明确列出和描述过往对于课题采取的手段、过程、方法、步骤、架构等是使用“6W2H”引导工具中的（□“Who”/□“What”/□“Whom”/□“When”/□“Where”/□“Why”/□“How”/□“How Much”）。

1．答案

请将书倒过来查看答案。

答案：

（1）永恒性　　（2）不一样

（3）挑战性　　（4）不一定

（5）“How”

2．解释

（1）根据《企业生命周期》一书中的观点，问题具有永恒性。因为变化一直存在，而变化本身就会引发问题，由变化所引发的问题都将产生一个解决方案，而该解决方案将导致更多的变化，由此循环。

（2）问题与课题的内涵是不一样的。理想与现实之间的落差就是问题。假设我们设定的理想状况是“把某单店月营业额提升至 100 万元”，而现状是月营业额只有 50 万元，那么两者就存在 50 万元的差距，这些差距就是我们所称的“问题”。当然，问题可能是现在不好与将来变好之间的差距，也可能是现在已经很好与将来想变得更好之间的差距，甚至因为外部的变化，抓住机遇从而确定新的机遇，这种实现机遇的差距本身也是问题。课题本质上是使用绩效改进商业画布进行流程化分析，是为弥补落差（问题）而采取措施的分析过程。

（3）达成的难易程度是课题选择三个维度中的挑战性维度。重要性包括与组织战略目标的吻合程度和高层的重视程度；可控性包括达成的可控程度和组织的支持程度；挑战性包括达成的难易程度和覆盖员工的数量程度。课题优选矩阵一共有三个维度，包括六个指标。

（4）确定课题画布不一定需要使用。如果我们讨论的目标只有一个，这个目标就变成了课题，就不需要使用确定课题画布了。确定课题画布的假设是基于多个目标需要解决，我们如何选择更有意义的课题的过程。

（5）明确列出和描述过往对于课题采取的手段、过程、方法、步骤、架构等是使用“6W2H”引导工具中的“How”。在“6W2H”引导工具中，“Who”是明确列出承担课题的组织或部门，包括相关职责、人数等；“What”是明确列出和描述确定课题的事实和框架，如问题点、现状、产品或服务等；“Whom”是明确列出和描述针对的对象等；“When”是明确描述确定课题的日期等时间轴（一段时间或时间点）；“Where”是明确描述地点、位置、地理环境或地区；“Why”是明确列出和描述确定课题的目的、原因、意义、前提条件、目标或意图；“How”是明确列出和描述过往对于课题采取的手段、过程、方法、步骤、架构等；“How Much”是明确描述确定课题所需要付出的费用、人力资源等。

第 3 篇

分析现状

给我一个支点，我将撬动整个地球。

——阿基米德

第 6 章　使用分析现状画布，进行差距分析

在开始介绍本章内容之前，我们先做一个案例讨论。这是一个开放性的问题，请在认真思考后，将答案填写到空白的方框内，在没有完成答题前，请不要先看答案。

有一对父子遇到一块大石头挡住道路，父亲说："你已经是一个大孩子了，只要你全力以赴，一定搬得动这块石头。"结果，孩子用尽全力也没能搬动这块石头，他无奈地说："我已经用尽全力了，这块石头这么大，而我的力气这么小，我是不可能搬动这块石头的。"

如果你是父亲，你会让孩子怎么做？

请将书倒过来查看答案。

答案：

父亲认真地告诉孩子："你并没有用尽全力，因为你都没向我求助。"这就是借力的好处。父亲就是那个可以搬动大石头的杠杆，只是孩子没有想到。

你的回答是什么呢？很多人的思路可能与答案一致，或者有更好的建议。这个案例的答案与绩效改进中分析现状的目的是一样的，就是要懂得借力，寻找杠杆。就像太极拳的哲学思想："不以拙力胜人"，而要"四两拨千斤"。

分析现状的核心概念

分析现状的目的是寻找关键差距，而不仅是差距。在现实中，我们可以分析出很多现实差距，如果将这些差距一一解决，会耗费大量的资源，这并不符合经济最优原则。本章中的差距分析与关键差距分析内涵相同，但在描述时我会用"关键差距分析"这个词语指代"差距分析"，目的是时刻提醒大家，分析现状就是为了寻找关键差距。

关键差距分析的目的是寻找撬动绩效提升（期望的结果）的杠杆点。它主要基于二八原则，通过找到关键差距（绩效杠杆），就可以不用资源或用很少的资源，得到我们所期望的结果。从本质上说，它是一种量化分析，呈现出的是现状与目标之间的关键差距。它以现状数据为基础，将现状与目标进行比较，找到现状中的关键差距，帮助我们厘清现状与目标之间的逻辑关系。关键差距分析的目的如图 6-1 所示。

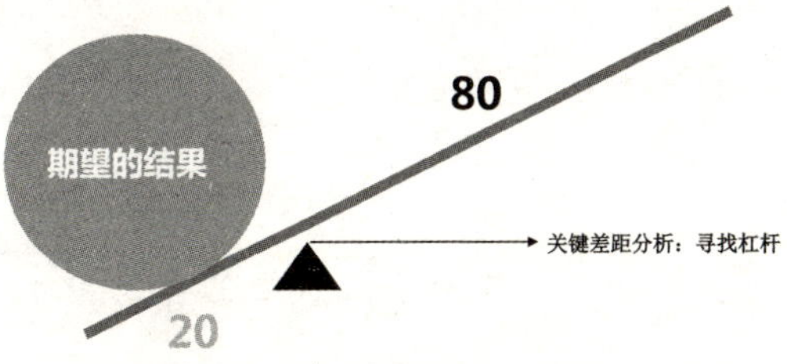

图 6-1　关键差距分析的目的

关键差距分析有三个特点，即量化、变化和独特。

1. 量化

关键差距分析本质上是一种量化分析，因此关键差距分析必须以现状数据为基础，只有进行量化分析，才能与目标进行比较，从而找到关键差距。

例如，假如某组织想解决人员流失问题，最终确定的目标是“某组织降低员工流失率从当前 50%到下季度 20%”（见图 6-2）。

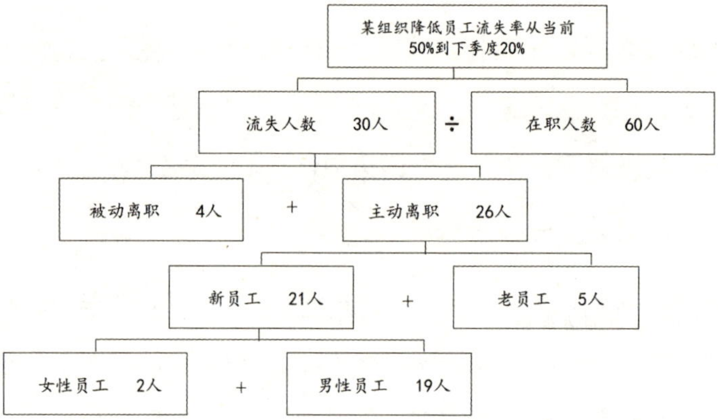

图 6-2 某组织降低员工流失率的关键差距分析

从图 6-2 的关键差距分析中可以看出，解决问题的关键在于男性新员工。如果解决了男性新员工的流失问题，就可以达到组织所期望的目标：流失率从当前的 50%降低到下季度的 20%。这个分析的过程就像漏斗一样。找到关键差距与直接解决问题相比，更精准也更容易。因此，只有进行量化分析，才能找到关键差距。

在进行量化分析的过程中，有两个问题需要注意。

1）差距要素，而非影响要素

差距要素是指能帮助我们厘清现状与目标之间的逻辑关系的要素。它与关键差距分析的特点相同，是量化、变化和独特的。

影响要素是指构成事物本质的成分或影响事物成败的条件。

在这里，我们需要区分差距要素和影响要素，以帮助我们更好地进行关键差距分析。

关键差距分析中量化分析的应当是差距要素，而非影响要素。如果在进行关键差距分析时出现了影响要素，就无法进行量化分析，甚至会使我们进入分析原因阶段，并自然而然地跳到确定方案阶段。在真实的场景中，经常出现在关键差距分析的过程中就已经把整个绩效改进商业画布的研讨框架全部完成的情况，究其原因就是把影响要素当作差距要素来进行分析。还是上面的案例，放入影响要素后的关键差距分析如图 6-3 所示。

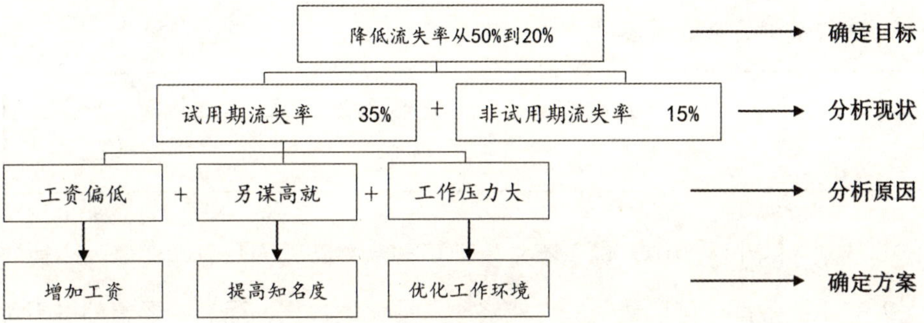

图 6-3　放入影响要素后的关键差距分析

另外，大家也经常将影响要素与原因混淆。影响要素与原因在大多数情况下是一致的，但也有不同。

原因即错误或故障，如果对其进行纠正，便能阻止事故的发生或能显著减轻事故造成的严重后果。原因是直接的诱因和根源，是必要条件，没有 A 就不会产生 B；影响要素是外在条件，如果对其进行纠正，会加快或阻止事故的发生，但它不是必要条件。例如，有生命的种子是植物产生的原因，而天气、土壤、水、肥料等则是影响要素。因此，影响要素包含原因，原因的范畴比影响要素的范畴小。同时，影响要素和原因一样，都是定性、主观、不可量化的要素。

接下来，我们再做一个小练习，以帮助大家理解差距要素和影响要素的区别。请独立作答后再查阅参考答案。请判断以下描述的要素是差距要素还是影响要素，并在相应的方框内打钩。

（1）员工流失多	□差距要素	□影响要素
（2）成交客户数少	□差距要素	□影响要素
（3）员工能力不够	□差距要素	□影响要素

请将书倒过来查看答案。

答案：

（1）影响要素；（2）差距要素；（3）影响要素

从刚才的小练习中，你是不是发现了判断差距要素与影响要素的小诀窍呢？差距要素都是可以量化的，能够放入量化的数据，而影响要素都是不可量化的。所以，差距要素本身也是一种量化分析。

2）现状数据，而非目标数据

在真实的研讨场景中，大家在理解了差距要素与影响要素的区别，并且运用差距要素进行分析后，可能进入另一个误区，即差距要素的数据为目标数据，而不是现状数据，如下面这个案例（见图 6-4）。

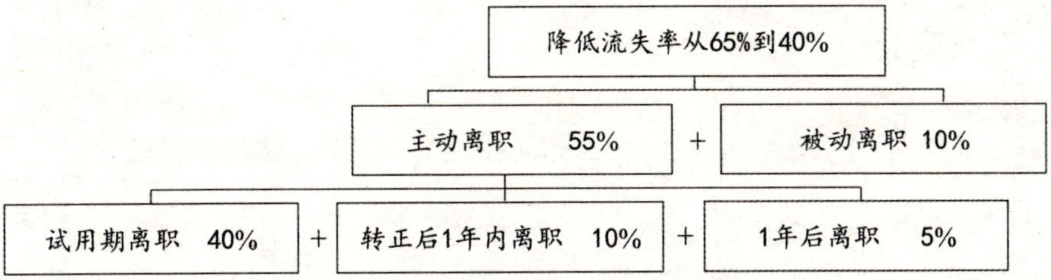

图 6-4　放入目标数据后的关键差距分析

这个误区经常被我们忽略。关键差距分析应处于绩效改进商业画布中的分析现状阶段，而不是确定目标阶段和分析原因阶段，而图 6-4 是确定目标阶段。如果我们按照这张图来确定关键差距，则会得出“试用期的流失率最高，是一个关键差距”的结论。但我们将现状数据放入差距要素中再进行分析（见图 6-5），会得出完全不同的结论。对比图 6-4 与图 6-5，则会产生“差之毫厘，谬以千里”之感。

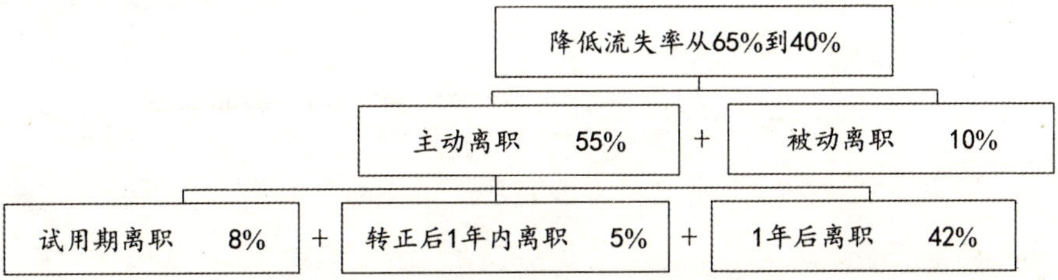

图 6-5　放入现状数据后的关键差距分析

显然，当我们在用目标数据进行分析时，会根据自己在组织的感受，主观地认为试用期的流失率往往是最高的，因此在图 6-4 中得出了一个“40%的试用期流失率”的结论。但当我们把真实的现状数据放进去以后发现，真正的关键差距并不是试用期的流失率，而是 1 年后的流失率。这两者背后的原因肯定是不一样的，解决方案也自然不同。如果我们用目标数据进行分析，并最终确定了解决方案，实际操作后我们会发现：因为实际上试用期的流失率仅占 8%，即使将流失率降低到 0，也只能看到一点点效果，并不能达成我们的目标，即降低流失率从 65%到 40%。

2. 变化

关键差距分析是经常变化的，即使在组织内部，也需要经常进行分析，从而动态地确定关键差距，这一点非常重要。接下来，我将通过一个淘宝网店的案例，来帮助大家理解这个特点。假设某淘宝网店的目标是下个月的销售额提升 20 万元，即从当前 80 万元到下个月 100 万元。对此，网店分析人员进行了关键差距分析（见图 6-6）。

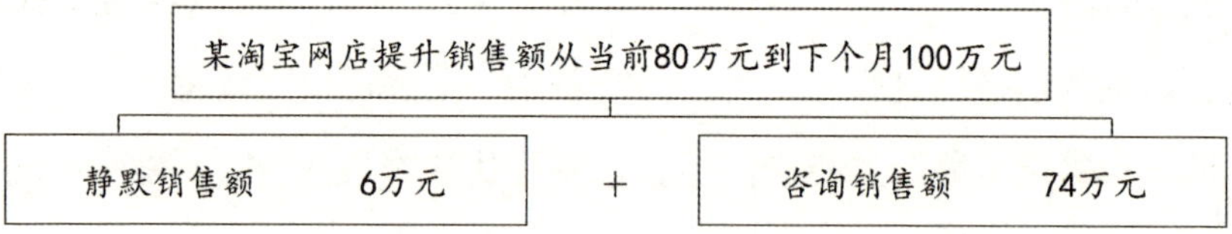

图 6-6　某淘宝网店提升销售额的关键差距分析

他们在分析第一层的时候，就发现了关键差距，即静默销售额偏低。静默销售指的是淘宝买家购买商品，从进入页面购买付款到收到商品确认收货的整个过程中，都不会与卖家沟通交流的一种购买方式。而咨询销售正好相反，买家在整个购买过程中会与卖家经常进行沟通交流，特别是在付款前，沟通的频率会更高。

这家网店的静默销售额偏低，大部分买家都通过咨询而购买商品，因此他们的客服团队有 12 名员工，人员众多代表他们的人力成本较高。如果能提升静默销售额，不仅可以提升整体销售额，还可以影响咨询销售额，进而适当减少客服人员的数量，这就是提升绩效的杠杆点。后来，他们邀请了阿里巴巴集团的专家，分析网店静默销售额偏低的原因是好评率较低。通过在提高好评率上着重下功夫，该网店的静默销售额由原来的 6 万元提升到 40 万元，整体销售额达 110 万元，超额完成了当月的业绩目标，并且将客服岗位的冗余人员进行了内部调岗，节省了人力成本。

在保持了两个月业绩稳步提升的情况下，该网店第三个月的销售额降低了 20 万元，从 130 万元降低到了 110 万元。他们在分析了关键差距之后，发现静默销售额占整体销售额的 80%，与上个月持平，也就意味着这个角度的关键差距分析已经找不到绩效杠杆了，需要调整分析的角度。根据现在的情况，他们重新确定了目标，即“提升销售额从当前 110 万元到下个月 135 万元”，并重新进行了关键差距分析（见图 6-7）。

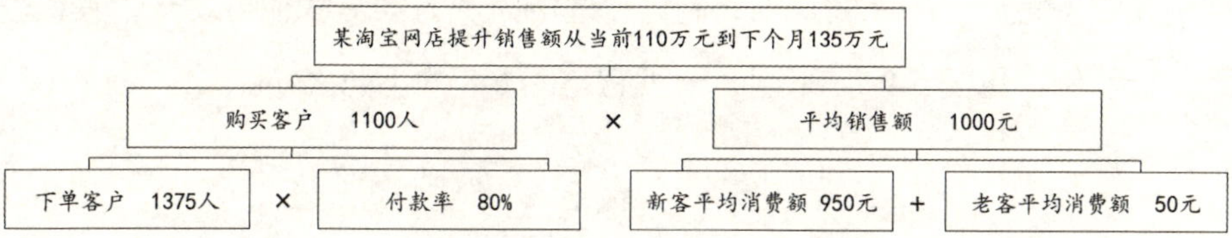

图 6-7　某淘宝网店销售额变化的关键差距分析

从图 6-7 的关键差距分析中可以看出，在解决了静默销售额偏低这个关键差距后，又出现了一个全新角度的关键差距，即老客平均消费额明显偏低。这就需要网店分析人员寻找老客平均消费额偏低的原因，再制订合适的解决方案。所以，关键差距分析是一个持续的、动态变化的过程。同时，保持良好的数据记录习惯也是非常重要的。

3. 独特

每个组织的目标不同，即使目标相同，在分析关键差距时也都应当是不同的，不管哪个行业都是如此。接下来，我将通过快速消费品领域的具有代表性的关键差距分析示例，来帮助大家理解这个特点。其实，这个关键差距还可以根据实际情况继续分析，但为了让大家更容易理解，我只分析到关键差距的第一层逻辑（见图 6-8）。

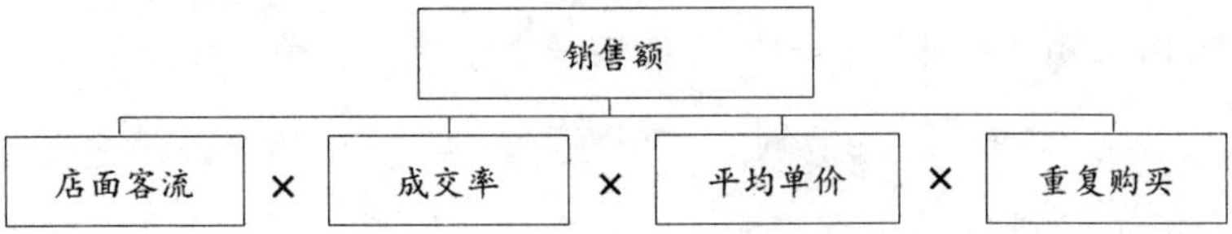

图 6-8　关键差距分析示例 1

图 6-8 中的销售额有四个差距要素：店面客流、成交率、平均单价和重复购买。在不同的时期放入现状数据，就可以确定关键差距是什么，再寻找这个关键差距产生的原因，以此制订合适的解决方案。我们再看一个关键差距分析示例（见图 6-9），来判断一下它与图 6-8 的不同之处。

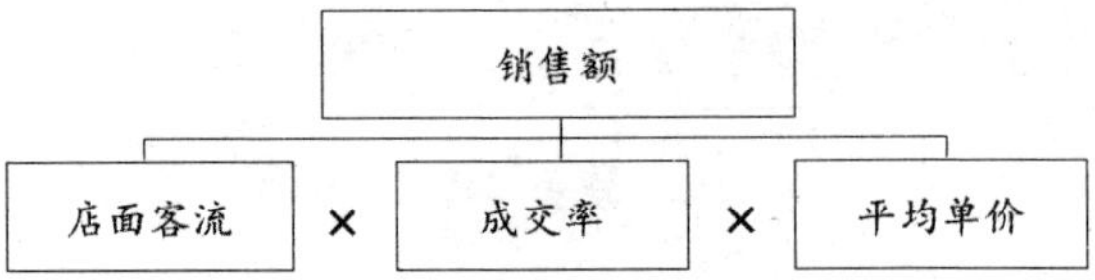

图 6-9　关键差距分析示例 2

我们比较一下图 6-8 和图 6-9，它们的区别是什么？图 6-9 比图 6-8 少了一个差距要素：重复购买。因为有些行业是不关注重复购买的，所以其分析人员在进行关键差距分析时，省略了重复购买这一差距要素。

以上就是关键差距分析的三个特点，包括量化、变化和独特。在实际的场景中，我们的分析远远比本节介绍的几个案例复杂得多，我将在接下来的“分析现状画布的应用工具”中予以进一步的说明。

分析现状画布的应用工具

1. 主要工具

分析现状画布的应用工具是基于关键差距分析的结构化框架，分析现状画布的研讨框架如图 6-10 所示，这是分析现状画布的主要工具。

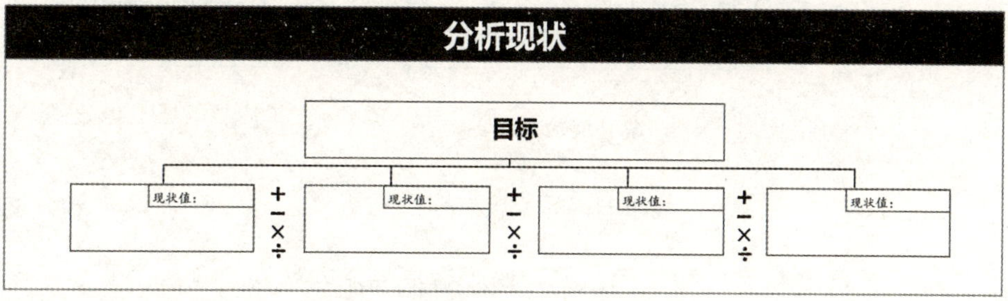

图 6-10　分析现状画布的研讨框架

首先，这个研讨框架符合关键差距分析的三个特点，即量化、变化和独特；其次，这个研讨框架符合“线性关系”。这里的“线性关系”是指各个差距要素之间可以使用“加减乘除”四则运算来体现现状与目标之间量化分析的逻辑关系。

通过前面内容的学习，我们知道绩效改进可以解决有关业务结果或流程效率方面的问题，因此使用分析现状画布的研讨框架进行关键差距分析，也可以分为业务结果类现状的关键差距分析和流程效率类现状的关键差距分析。

1）业务结果类现状的关键差距分析

业务结果类现状的关键差距分析是以业务结果为最终目的的，它往往是财务性的指标，如收入、利润等。接下来，我将以餐饮行业为例，介绍两家知名餐饮企业提升营业额背后的逻辑，使大家深刻体会“一切皆分析”的内涵。

我曾咨询过资深的餐饮行业专家，他们告诉我，提升餐厅营业额最重要的绩效目标是“翻台率”（见图 6-11）。

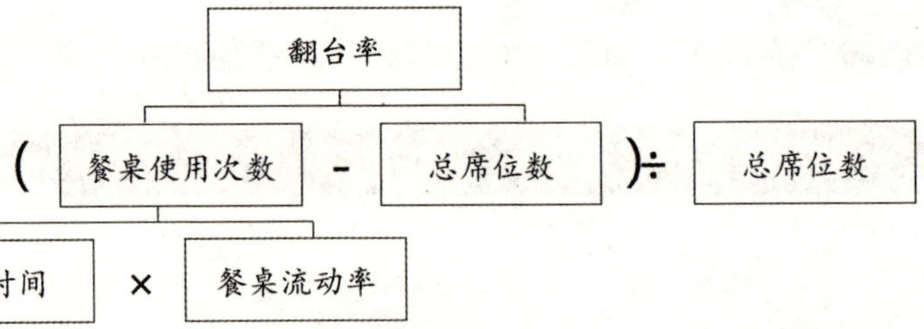

图 6-11　翻台率关键差距分析

因为餐厅的总席位数是固定的，所以餐桌使用次数决定了翻台率。而餐桌使用次数与用餐时间有非常大的关系，同时餐桌流动率也与用餐时间有关，所以用餐时间越短，餐桌流动率就越高，餐桌使用次数就越多，翻台率就越高。因此，我们应把重点放到用餐时间这个差距要素上，进行进一步的分析（见图 6-12）。

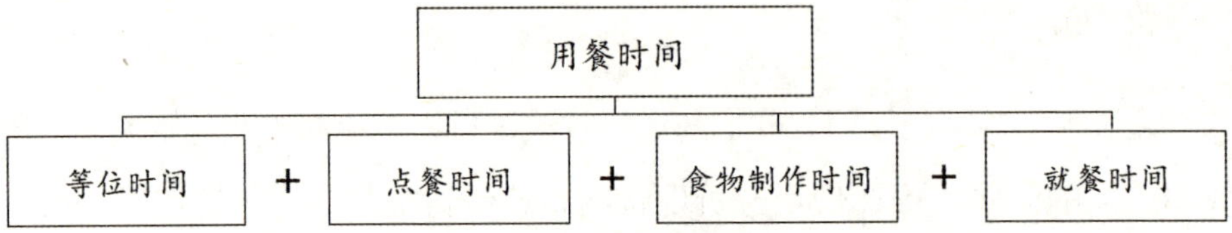

图 6-12　翻台率关键差距分析（续）

从用餐时间上看，只要缩短用餐时间中的任何一个差距要素，就可以缩短用餐时间。但是，不同餐厅的定位和客户不同，在这四个差距要素上采取的措施也不同。

我们先来看第一家知名餐饮企业：萨莉亚餐厅。该餐厅以“质优价廉”的意大利西餐厅为定位。我们来看一下百度百科对它的简单介绍。

萨莉亚，快餐品牌，成立于 1967 年，集团以每年增加 30~40 家新店的速度在中国市场崛起。萨莉亚在中国采取低价位并保持一定新鲜度的战略，这种战略在长三角地区也获得成功。

萨莉亚餐厅主要在食物制作时间上提高翻台率，它曾经创造过制作 15 道菜仅需 9 分 58 秒的记录。以下摘取了部分缩短食物制作时间的具体做法。

（1）自制番茄切割机，使切番茄的速度更快。

（2）特制沙拉酱，不粘瓶，从而减少摇晃的时间。

（3）半成品菜品三包一起剪，绝不单独剪。

（4）用手不用托盘，实践证明更快。

萨莉亚餐厅通过每一个细节上的高效率，最大限度地缩短了食物制作时间，从而提高了翻台率。

我们再来看另外一家知名餐饮企业：海底捞餐厅。该餐厅以“服务制胜”为定位。我们来看一下百度百科对它的简单介绍。

海底捞成立于 1994 年，是一家以经营川味火锅为主、融各地火锅特色为一体的大型跨省直营餐饮品牌火锅店。2018 年 9 月 26 日，海底捞正式在香港上市。

首先，由于该餐厅的特色是以服务制胜，就餐时间无法预知；其次，因为客人就餐时间较长，而餐厅食物制作时间一定，因此这两个差距要素对提高翻台率的作用有限。对海底捞餐厅来说，它的关注点在于等位时间。为了留住等位的客人，它不仅在等位上花费心思，如提供免费美甲服务，更重要的是通过延长营业时间来满足更多人的就餐需要。所以，在全国各地出现的 24 小时营业的海底捞餐厅，就是为了通过延长营业时间来让更多的人就餐，从而提高翻台率。

综上，完整的翻台率关键差距分析如图 6-13 所示。

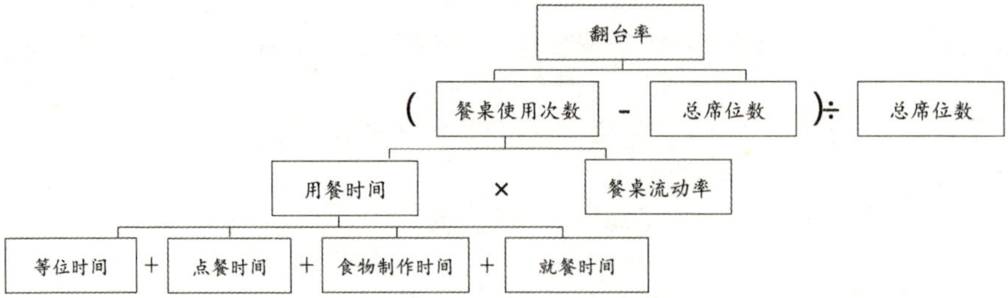

图 6-13 完整的翻台率关键差距分析

在运用分析现状画布的研讨框架分析关键差距时，将相关的现状数据放入并与目标进行比较后，就可以一目了然地分析出关键差距，即找到提升绩效的杠杆点。当然，关键差距分析并不是一蹴而就的，在我讲授的绩效改进工作坊中，很少有一次就分析成功的案例，有时是数据不全，需要查证数据后确定关键差距，有时是掌握了全面的数据，但放入数据后找不到关键差距。这种失败的经历也是一笔财富，让我们反思在组织经营上的短板，从而更好地改进。

我曾经受邀给一家民办教育机构讲授为期两天的绩效改进商业画布课程，该课程主要通过工作坊的形式，以真实的业务问题为研讨课题。其中的学员都是校长层级的人，是经营校区的一把手。有一位女校长在进行关键差距分析时，一会儿紧锁眉头，一会儿唉声叹气，我注意到她的状态不佳，主动上前说："分析得怎么样了？我们一起来看一下。"于是，她把研讨框架挂到了研讨板上（见图 6-14）。

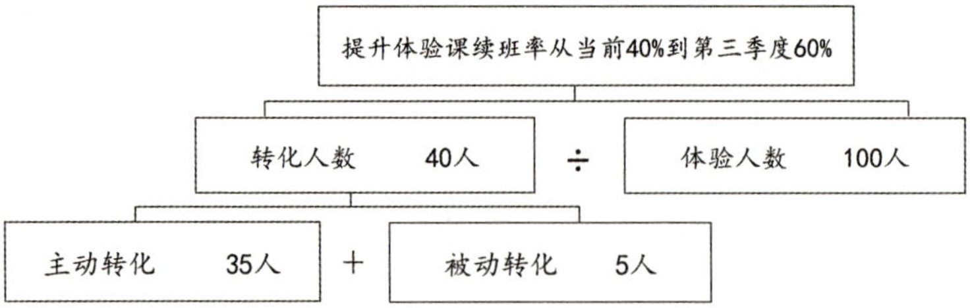

图 6-14 提升体验课续班率的第一次关键差距分析

我问她说："差距要素'被动转化'偏低，这会不会是一个关键差距？"她非常肯定地回答："不是。因为'被动转化'是我们通过各种激励手段引导家长续班，这会耗费更多的成本，所以这不是我们的方向。我们更希望家长主动续班，即'主动转化'。从这个分析中，我发现我们的主动转化工作做得很到位，即使投入更多的资源提高被动转化率，也不能达成我们的目标，性价比太低。"我肯定地点点头，鼓励她说："既然这个角度的分析找不到关键差距，不妨与其他校长交流一下这个课题，看有没有新的思路"。她当时非常投入，听了我的建议后，马上与一位在体验课续班率方面做得特别好的校长进行了交流。20 分钟后，她兴奋地来叫我，告诉我她似乎找到了关键差距，让我来确认一下，如图 6-15 所示。

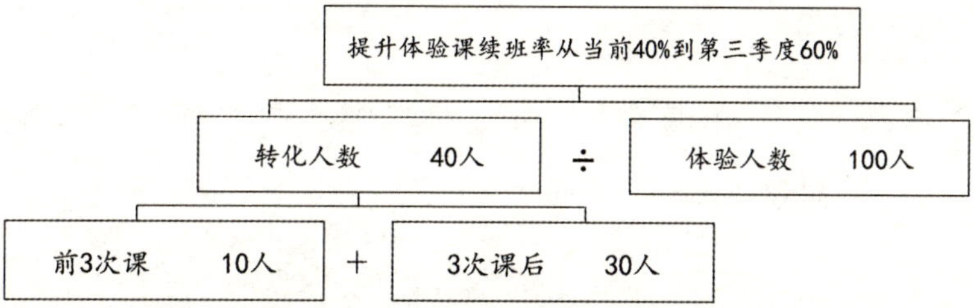

图 6-15　提升体验课续班率的第二次关键差距分析

这次她换了一个新的角度，我问她："你有'啊哈'的感觉吗？"她问什么是"啊哈"的感觉，我告诉她："这是我评判参与的学员是否分析出关键差距的一种表现状态，是一种惊喜或恍然大悟的感觉。"她马上说："就是'啊哈'的感觉。"我接着问："为什么'啊哈'？"她告诉我："大部分学校前 3 次课的转化人数都比较多，占 80%左右，而我们学校前 3 次课的转化人数只占总转化人数的 25%（10/40）。如果我们把前 3 次课的转化人数增加到 30 人，并使 3 次课后的转化人数努力保持不变，就可以达到我们所期望的目标。更为关键的是，前 3 次课的转化有很多优秀学校的经验可以学习，从而使我们少走很多弯路，这能不让人'啊哈'吗？"我也很高兴，她经过两次分析就找到了目标课题的关键差距。

2）流程效率类现状的关键差距分析

流程效率类现状的关键差距分析是以时间效率为最终目的的，它往往是时间性的指标，如周期、速度等。与业务结果类现状不同的是，流程效率类现状的关键差距主要以时间为单位，可以不体现线性关系，但必须可以量化。

这类现状的关键差距分析主要有两种方法。

（1）使用项目管理中的“关键路径”工具来发现关键差距。“关键路径”是网络图中最长的路径（Path），它决定了项目的总耗时。具体做法是找出“关键路径”中所有可能减少时间的方式，然后按照耗时从最少到最多的顺序检查各个方式，从而评估其对绩效改进项目的影响。“关键路径”本质上就是绩效改进中的关键差距。

接下来看一个简单的案例，帮助大家理解什么是“关键路径”。假设我们准备举行一个小型家庭宴会，所有的准备工作及所需时间如表 6-1 所示。

表 6-1　家庭宴会的准备工作及所需时间

序　　号	工 作 描 述	所需时间（分钟）
1	菜单制作	30
2	原料采购	60
3	餐具准备	45
4	甜点准备	60
5	原料清理	60
6	烹饪	30
7	桌椅布置	15
8	宴会开始	0
合计		300

按照整体的时间，我们准备家庭宴会的总时长为 300 分钟。我们可以寻找所有可能减少时间的方式，然后计算出耗时最长的路径，这条路径中只要不出现拖延，其他工作即使有所延误，也不影响“关键路径”的耗时。所以，

我们将家庭宴会的一些工作同步进行，就可以找到这个家庭宴会的“关键路径”，如图 6-16 所示。

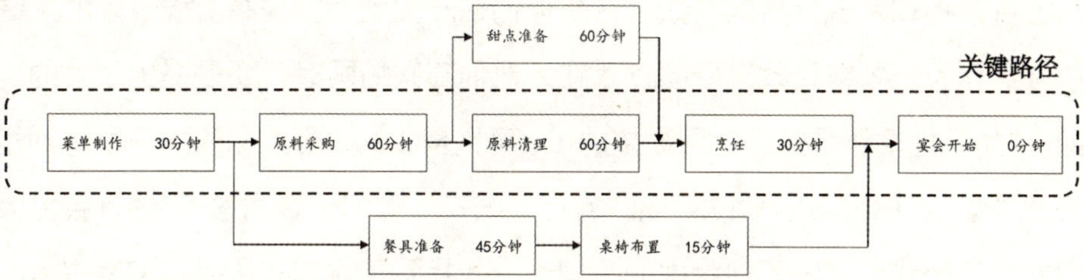

图 6-16　家庭宴会的“关键路径”

我们通过整理所有可能减少时间的方式，最终找到一条家庭宴会的“关键路径”，如图 6-16 的虚线部分，总时长为 180 分钟，与原来的 300 分钟相比，减少了 120 分钟，这条路径就是最长的路径。我们在控制进度时，只需要严格控制这条路径的耗时，就能以最短的时间完成家庭宴会，从而提高效率。

（2）使用类似业务结果类现状的关键差距分析，并体现线性关系。

这在真实的工作坊中也比较常见，下面是一个真实的案例，基于商业机密的考虑，我把相关数据隐去，大家能够理解其中的逻辑即可。某金融公司的流程效率类现状的关键差距分析如图 6-17 所示。

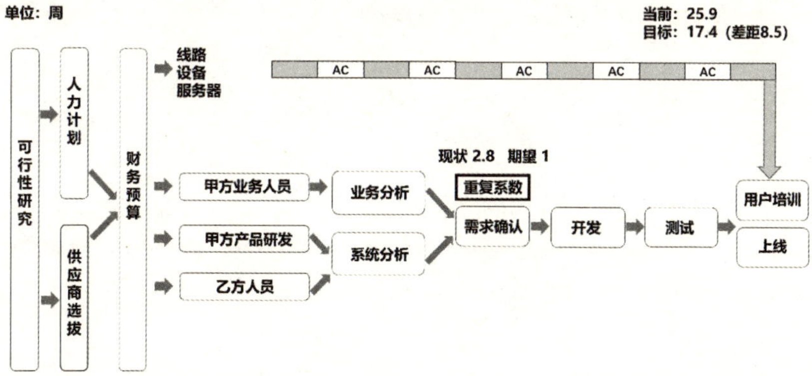

图 6-17　某金融公司的流程效率类现状的关键差距分析

这个案例是由精算师完成的。他们在经历了三次分析后，确定了在开发流程的需求确认环节，有一个“重复系数”，即需求确认没有通过，又返回进行业务分析和系统分析的次数。这是他们在开发周期中提高流程效率的关键所在。作为一名绩效改进顾问，我在为他们高兴的同时，还是提出了我的疑问：“如果把重复系数降低到期望的 1（现状是 2.8），那么原来的开发周期是 25.9 周，现在可以达到 17.4 周的目标了吗？”他们一致回答：“估计会大大提前。因为我们知道了现状中的关键点，并找到了原因，所以我们有很大的信心解决这个问题。”

2. 其他工具

4W 分析是国际绩效改进协会推荐的现状分析工具。该工具主要将重点放在世界（World）、工作场所（Workplace）、工作（Work）、员工（Worker）这四个层面进行现状分析。这是一种系统化的分析。在实践中，如果有组织中的高层管理者参与，特别建议使用该工具，因为该工具不仅可以分析组织内部环境的现状，还可以分析组织外部环境的现状。4W 分析的逻辑关系如图 6-18 所示。

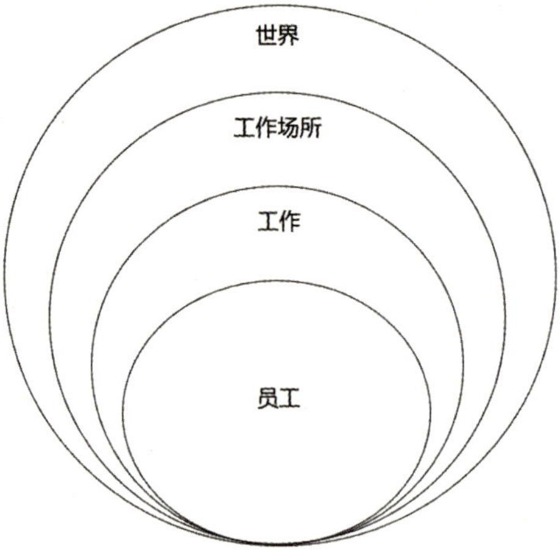

图 6-18　4W 分析的逻辑关系

4W 分析首先从世界层面开始分析，然后逐步分析到员工层面。表 6-2 所示为 4W 现状分析问题清单，我们可以使用该清单进行现状分析，以帮助我们发现组织内正在发生的各种情况。

表 6-2　4W 现状分析问题清单

说明：以下问题或许不能涵盖实际发生并对绩效目标的达成产生影响的所有情况。

世界（**World**）

1．组织在与其外部利益相关者相互影响时会涉及哪些人？

- 客户
- 供应商
- 分销商
- 行业监管者
- 股东
- 特殊利益群体
- 专业协会
- 竞争对手
- 其他________________

2．组织与其外部利益相关者是如何相互影响的？

3．哪些相互影响对组织的成功最为关键？

4．竞争对于组织、工作场所、工作和员工的作用是什么？

5．组织为了保持竞争力需要做哪些事情？

6．各利益相关者是如何界定优质产品或服务的？

工作场所（**Workplace**）

1．组织内部发生的哪些情况能够为实现最佳绩效提供支持？

- 资源（时间、金钱、人员、工具、材料、空间）
- 信息
- 政策和程序
- 其他________________

2．员工是否拥有实现最佳绩效所需的充分资源？

3．员工是否拥有实现最佳绩效所需的全部信息？

4．组织在招聘、雇用、反馈方面的政策及其效果是否能为实现最佳绩效提供支持？

工作（**Work**）

1．工作层面包括哪些？

- 工作设计
- 工作流程
- 工作职责

续表

• 其他__________________________ 2. 工作设计是否符合实现最佳绩效的要求? 3. 工作流程是否能促进任务的有效完成? 4. 工作职责的界定是否清晰明确? 员工（**Worker**） 1. 员工层面包括哪些? • 技能 • 知识 • 动机 • 期望 • 资格或能力 • 其他__________________________ 2. 员工是否具备实现组织成功所需的知识或技能? 3. 员工是否具备实现组织成功的动力? 4. 员工的期望是否与整体绩效环境现实相匹配? 5. 员工是否有能力取得成功?

资料来源：达琳·提姆，詹姆斯·莫斯利，琼·迪辛格. 绩效改进基础：人员、流程和组织的优化[M]. 3 版. 易虹，姚苏阳，译. 北京：中信出版社，2013.

分析现状画布的引导技巧

关键差距分析是比较耗时的，如果参与者研讨的课题不是自己真实的课题，就很容易出现无法分析出关键差距的情况。所以，在使用绩效改进商业画布进行绩效改进研讨时，必须使用真实的课题。如果参与者不是这个课题方面的业务专家，就需要邀请业务专家一起参与研讨，以使分析更为有效。同时，业务专家由于积累了很多成功的经验，会出现“思维固化”的情况，这个时候，绩效改进顾问的引导技巧就显得格外重要。请特别注意，绩效改进顾问不是业务专家，而是方法论专家。即使我们对业务比较熟悉，但也无法超越始终在业务岗位上“修炼”的专家。此时，“RSVP+”原则就显得尤为重要，特别是要与业务专家建立伙伴关系。关于关键差距分析的引导技巧，我通常使用关键差距分析口诀。

这个口诀可以用在分析现状环节，以时刻提醒参与者。它非常简单，朗朗上口，具体内容如下。

不断分类定方向，

方向清楚找线性，

线性过后放数据，

放入数据找杠杆，

杠杆一定在底层。

1）不断分类定方向

这是其中最为重要的口诀，也是分析关键差距的关键。如果过往的分析已经有过类似的分类，无法分析出关键差距，就需要从不同的角度来定方向，直到找到关键差距。例如，客户这个分类就有非常多的方向：如客户方向 1=新客户+老客户；客户方向 2=男客户+女客户；客户方向 3=已婚客户+未婚客户；客户方向 4=有工作经验客户+无工作经验客户；客户方向 5=城市客户+非城市客户等。本章的图 6-14 和图 6-15 有关教育机构提升体验课续班率的分析就是不断分类定方向，最终确定关键差距的案例。

2）方向清楚找线性

我们已经知道，线性关系是指各个差距要素之间可以使用“加减乘除”四则运算来体现现状与目标之间量化分析的逻辑关系。以下的逻辑都属于线性关系。

消费额=男性消费额+女性消费额；销售额=购买人数×平均单价；

留存客户=总客户数−流失客户数；员工离职率=离职人数÷总入职人数。

以上列举了“加减乘除”的逻辑关系，也可以体现出关键差距分析的三个特点：量化、变化和独特。

3）线性过后放数据

值得注意的是，所放数据应当是现状数据，而非目标数据，这一点非常重要，这也是参与者经常混淆的地方。如果实在没有记录数据，可以暂时凭经验“拍个数据”，尽管不准确，但可以更好地理解和掌握这个分析的过程，待回到真实的岗位后，再寻找真实的数据来验证“拍的数据”是否可信。本章有关教育机构提升体验课续班率的分析过程就体现了这个口诀。

4）放入数据找杠杆

关键差距分析的目的是寻找撬动绩效提升（期望的结果）的杠杆点。这个过程是不断循环反复的过程。当放入现状数据，发现没有特别明显的关键差距后，我们就需要回到第一个口诀“不断分类定方向”上。同时，这一步也可以验证第一步分类定的方向是否正确。

5）杠杆一定在底层

关键差距分析的真谛是“到底哪个才是绩效杠杆”。我们可以回顾本章图 6-13 中有关翻台率的关键差距分析，可以发现杠杆一定在底层。在分析的过程中，如果没有到底，我们就需要思考或找一线的“明星员工”一起参与讨论，看是否还可以再往下一层分析，这一点也很重要。

回顾本章

接下来用一些简单的回顾性题目结束这一章的内容。请从每一项后面的括号中选出最适合这句话的词语。

（1）每个组织的目标不同，即使目标相同，在分析关键差距时也都应当是不同的，这体现了关键差距分析的（□量化 / □变化 / □独特）的特点。

（2）关键差距分析的目的是寻找撬动绩效提升（期望的结果）的杠杆点，它符合（□二八原则 / □墨菲定律）。

（3）（□业务结果类现状的关键差距分析 / □流程效率类现状的关键差距分析）是以业务结果为最终目的的，它往往是财务性的指标。

（4）4W 分析是（□原因分析 / □现状分析）的工具之一。

（5）关键差距分析口诀中最为重要的口诀是（□不断分类定方向 / □方向清楚找线性 / □线性过后放数据 / □放入数据找杠杆 / □杠杆一定在底层）。

1. 答案

请将书倒过来查看答案。

答案：

（1）独特　（2）二八原则

（3）业务结果类现状的关键差距分析　（4）现状分析

（5）不断分类定方向

2. 解释

（1）每个组织的目标不同，即使目标相同，在分析关键差距时也都应当是不同的，这体现了关键差距分析的独特的特点。关键差距分析还有其他两个特点：一个是量化，关键差距分析本质上是一种量化分析，因此关键差距分析必须以现状数据为基础，只有进行量化分析，才能与目标进行比较，从而找到关键差距；另一个是变化，关键差距分析是经常变化的，即使在组织内部，也需要经常进行分析，从而动态地确定关键差距。

（2）关键差距分析的目的是寻找撬动绩效提升（期望的结果）的杠杆点，它符合二八原则。二八原则的本质是寻找“四两拨千斤”的支点，用 20%的投入获得 80%的产出。墨菲定律是一种心理学效应，基本内容是如果事情有变坏的可能，不管这种可能性有多小，它总会发生。

（3）业务结果类现状的关键差距分析是以业务结果为最终目的的，它往往是财务性的指标；流程效率类现状的关键差距分析是以时间效率为最终目的的，它往往是时间性的指标。与业务结果类现状不同的是，流程效率类现状的关键差距主要以时间为单位，可以不体现线性关系，但必须可以量化。

（4）4W 分析是现状分析的工具之一，而不是原因分析的工具，不要混淆。该工具主要将重点放在世界（World）、工作场所（Workplace）、工作（Work）、员工（Worker）这四个层面进行现状分析。这是一种系统化的分析。在实践中，如果有组织中的高层管理者参与，特别建议使用该工具，因为该工具不仅可以分析组织内部环境的现状，还可以分析组织外部环境的现状。

（5）关键差距分析口诀中最为重要的口诀是不断分类定方向，它也是分析关键差距的关键。如果过往的分析已经有过类似的分类，无法分析出关键差距，就需要从不同的角度来定方向，直到找到关键差距。

第 7 章　使用确定差距画布，描述绩效杠杆

确定差距的核心概念

1. 确定差距就是“点球成金”

我个人非常喜欢一部电影《点球成金》，该影片是根据 2003 年出版的《魔球》一书改编的。它主要讲述了一支小球队（奥克兰运动家队）如何在棒球职业联赛中同那些财大气粗的“豪门”相抗衡的故事。在我看来，能够以小博大、点球成金的秘诀就在于确定差距（本章所说的“确定差距”是指“确定关键差距”）。

在影片中，传统棒球界盛行了多年评判球队如何赢的逻辑，我们可通过关键差距分析的逻辑进行展示。传统棒球界对“赢”的关键差距分析如图 7-1 所示。

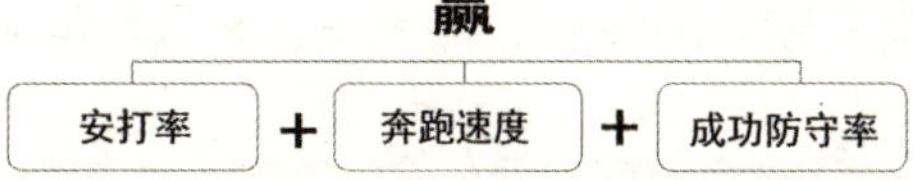

图 7-1　传统棒球界对“赢”的关键差距分析

从以上的关键差距分析中可以确定的是，想要赢球首先需要“安打率”，这对力量的要求较高，然后是“奔跑速度”，最后是“成功防守率”。而这三

个差距要素都非常好的球员往往是高薪球员，大球队可以通过高薪挖掘优秀人才来保持胜利的成果。但从绩效这个角度来分析，即“绩效=有价值的结果÷行为的代价”，高薪挖人这个行为的代价，对于小球队而言是巨大的。因此，它就需要在“有价值的结果”上使更多的力。影片中使用了数学建模的方式来进行分析，这支小球队发现了改变整个行业认知的逻辑。奥克兰运动家队对“赢”的重新定义如图 7-2 所示。

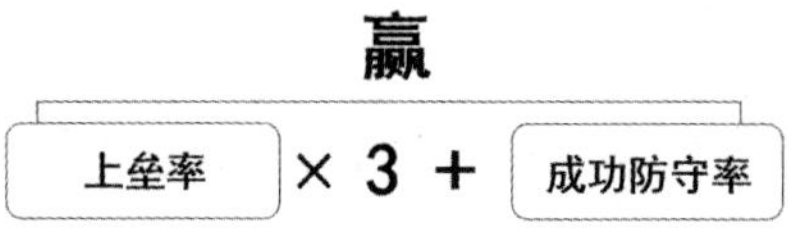

图 7-2　奥克兰运动家队对“赢”的重新定义

由图 7-2 可知，赢球最重要的是“上垒率”。影片中奥克兰运动家队挑选了有缺点但上垒率高的球员，而且这些球员加起来的平均年薪只有竞争对手纽约扬基队的 1/3，那最终结果呢？奥克兰运动家队的战果及年薪情况如表 7-1 所示。

表 7-1　奥克兰运动家队的战果及年薪情况

年　份	胜（场）	负（场）	胜　率	名　次	年　薪
2000 年	91	70	0.565	西区第 1	30 支球队中位列第 24
2001 年	102	60	0.630	西区第 2	30 支球队中位列第 29
2002 年	103	59	0.636	西区第 1	30 支球队中位列第 21
2003 年	96	66	0.593	西区第 1	30 支球队中位列第 20

奥克兰运动家队这支被外界嘲讽为“超级非传统球员队”的球队，创下了 20 连胜的惊人纪录，这也是该球队最为辉煌的战绩。而战果与运动员年薪之间的差距，就是有关绩效的最后一种逻辑，我喜欢称其为“梦幻”般的方式，即代价低而成效高。这个故事告诉我们，一旦确定了关键差距，就能够“点球成金”。

在《清单革命》（阿图·葛文德）一书中也有类似的观点，即“关键点”比“大而全”更重要。一张小小的关键工作清单，让约翰·霍普金斯医院原本经常发生的中心静脉置管感染的比例从 11%下降到了 0；15 个月后，更避免了 43 起感染和 8 起死亡事故，为医院节省了 200 万美元的成本。抓住关键，是高绩效的保证。

因此，关键差距就是我们所说的绩效杠杆，解决它可以达到“四两拨千斤”，甚至是“化腐朽为神奇”的效果。而关键差距分析本身就是量化分析的过程，在最终确定了关键差距之后，我们还需要对它进行定性描述。

确定关键差距就是在关键差距分析的基础上，对最终选择的关键差距进行定性描述的过程。如果通过关键差距分析一眼就发现了关键差距，则只需要使用关键差距整理表进行描述即可；如果发现的差距比较多，就需要通过其他工具予以分析后，再进行描述。确定关键差距的目的是再一次对关键差距分析的结果予以描述和解释，从而使研讨课题的团队成员间达成共识。这些工具我会在本章的“确定差距画布的应用工具”中进行详细的阐述。

2．确定差距的三个层级

绩效改进不是一蹴而就的，而是一个从好、到更好、再到最好的过程，也是一步一个脚印、不断改善的过程。因此，我们首先要达到应有水平，再达到合理水平，最后达到卓越水平。

1）应有水平

应有水平是在自己的组织内能够达到的最高水平。

在一次绩效改进工作坊中，一个小组在确定关键差距时，我发现他们小组的人除一位成员异常活跃外，其他人都保持沉默，而且紧锁眉头。这个活跃的人是这个小组的组长，也是这个小组所在公司里的 CEO。他非常兴奋地分析目前公司存在的关键差距是什么。我走过去一看，他们的目标是在年底前使单店的平均销售额从现在的 350 万元提升到 500 万元，关键差距为老客户的转化率，目标是 85%，现状是 60%，而应有水平是 70%。我一下子就明白大家为什么都不敢说话了。应有水平也就是组织内的最高水平，即 70%，在没有达到这个目标的前提下，直接将老客户的转化率目标定为 85%，的确有点难。我问这位 CEO：“除这个角度的关键差距分析外，还有没有其他方向？”我的意思是除了老客户的转化率，还有没有其他的关键差距，通过在不同角度的关键差距上一同使力，来达成他们的目标。他回答说：“已经找过了，目前的关键差距就是老客户的转化率。”我点点头，然后说：“你们的应有水平是 70%，如果你们先达到应有水平，是不是更容易一些？在达到应有水平后你们再往更好的目的地前进，这样代价也会更小一些。”后来，他接受了我的建议，将关键差距的目标降低了，团队成员们终于松了口气。

组织内的应有水平既包括小的单元或团队的应有水平（如单店、某一个产品或某一个事业部等，这些往往可直接从组织的财务报表中获得相关的数据），还包括明星员工的应有水平，即个人层面的应有水平。

组织内的员工绩效表现，也符合二八原则，即大部分人都是普通员工，而明星员工只占很少的一部分。而应有水平就是组织内部明星员工能够达到的水平。组织员工的分布和应有水平如图 7-3 所示。

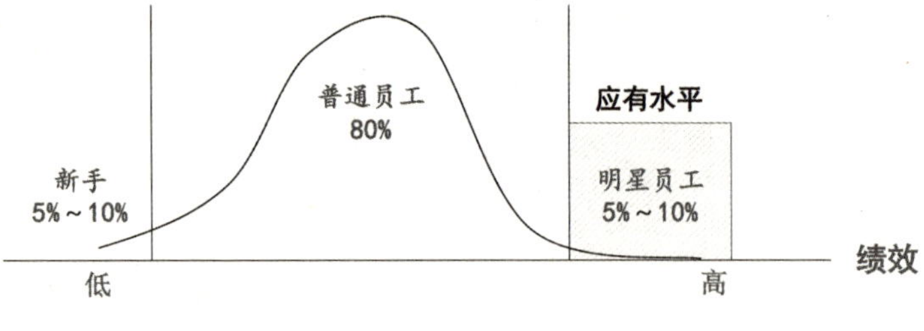

图 7-3　组织员工的分布和应有水平

资料来源：达纳·盖恩斯·罗宾逊，詹姆斯·C. 罗宾逊. 绩效咨询：人力资源和培训管理[M]. 田力，译. 北京：清华大学出版社，2011.

在实际的分析过程中，有一些关键差距是组织内从来没有考虑过的方向或维度，这就意味着没有相关的数据记录，我们需要寻找明星员工的数据，从而对标现状，确定最终的关键差距。一般而言，我们可以通过以下几个标准来判断谁是明星员工。

（1）达到或超出了预期的目标。

（2）达到或超出了必需的定性目标（如良好的人际关系、执行力等）。

（3）在一个职位上已经有足够长的时间，绩效产出是可持续的。

（4）不超过组织整体的 5%～10%。

这里还需要特别强调的是，在与明星员工访谈的过程中，要避免仅基于他人的观点或评价的信息，而应该使用基于事实的信息及对标数据，这将会积极地影响业务结果。

2）合理水平

合理水平是和标杆比。合理水平是行业中的标杆企业达到的水平，但在达到合理水平之前请先达到应有水平。为了让大家更好地理解，我们来做一个案例讨论。

（1）假设你是一名高中生，在这次英语考试中，你的成绩是 110 分，你如何评价你的成绩？

□一般　　□良好　　□优秀　　□不好说

（2）如果在这次英语考试中，班里最好的成绩是 111 分，那么你的成绩在班里如何呢？

□一般　　□良好　　□优秀　　□不好说

（3）如果在这次英语考试中，全校最好的成绩是 149 分，那么你的成绩在全校又如何呢？

□一般　　□良好　　□优秀　　□不好说

请将书倒过来查看答案。

答案：

（1）不好说；（2）优秀；（3）一般

以上案例说明，我们在确定关键差距时，需要有一条基准线，否则我们无法进行比较。在这个案例中，班里最好的成绩是 111 分，即应有水平，你的成绩是 110 分，仅 1 分的差距，因此你的成绩属于优秀。当我们将范围从全班扩展至全校时，全校最好的成绩 149 分就是合理水平，你的差距为 39 分，说明你的成绩一般，想要达到合理水平，需要付出更多的努力。看清方向非常重要，它可以让我们知道自己的差距在哪里，从而有的放矢，做到更好。

3）卓越水平

卓越水平是和世界比，即某一个细分领域的世界级水平。例如，在竞技体育中，每个运动员一生中都希望参加一次奥运会并拿到奖牌，这意味着自己的运动生涯达到了世界级的水平。但是，参加奥运会需要有一个竞技标准，只有达到这个标准才能正式加入奥运会的比赛。企业同样如此，当我们的经营水平达到了行业的最高水平，没有办法在自己的行业中找到差距时，可以与世界范围内的其他行业进行比较。达到世界级的水平，这是每个优秀的企业所追求的目标。

我曾经受邀为一个国内领先的金融机构开展为期两天的绩效改进商业画布工作坊，他们的客服团队在国内同行业中处于领先地位，不仅获得了客户的认可，还获得了同行业的一致认可。在进行关键差距分析时，有人问："我们在行业内都是标杆了，是不是意味着没有差距了？那怎样才可以让我们与更高的水平对标呢？"我适时地问："你们跳出自己的行业来看，客服这个领域公认的标杆行业是哪个行业？"他们想了想，说："可能是酒店业，特别是世界级水准的酒店服务。"我接着问："可以具体一点儿吗？如某个酒店，这样寻找衡量指标会更容易一些。"他们想了想，说："在一本书《行为设计学：打造峰值体验》中讲述了丽思卡尔顿酒店（The Ritz-Carlton）为客户打造巅峰体验的故事，我们服务行业都听说过。"于是，他们以该酒店为对标的标准，在确定关键差距上有了新的目标。

通常，我们在真实的研讨中，一般只需要讨论到合理水平，只有在标杆性的组织里，才会涉及卓越水平的研讨。

确定差距画布的应用工具

1. 主要工具

确定差距画布的应用工具是基于关键差距分析而来的，确定差距画布的研讨框架如图 7-4 所示，这是确定差距画布的主要工具。

这个研讨框架使用关键差距整理表作为主要工具，用来描述最终的关键差距，即绩效杠杆，其示例如表 7-2 所示。

确定差距			
课　题			
关键差距			
差　距	现状指标		
	应有水平		
	合理水平		
数据来源			

图 7-4　确定差距画布的研讨框架

表 7-2　关键差距整理表示例

课　题	某门店提升销售额从当前 300 万元到下季度 480 万元	
关键差距	咨询转化率	
差　距	现状指标　6.8%	23.2% ~ 33.2%
	应有水平　30%	
	合理水平　40%	
数据来源	财务数据；竞品数据	

通常，每张关键差距整理表只呈现一个确定的关键差距，如果有多个关键差距，就需要多张关键差距整理表。同时，要注意当有两个及以上关键差距时，建议先使用其他优选工具进行筛选后，再使用关键差距整理表进行详细的描述，以使研讨更为聚焦。

接下来，我将介绍一些其他优选工具，大家可以根据实际需要进行选择和研讨。

2. 其他工具

除关键差距整理表外，还可以使用“重要性”维度来确定关键差距。

“重要性”维度是我们经常使用的维度，这个工具比较简单、高效，是我比较推荐的快速确定关键差距的方法。首先，确定每种差距对组织目标实现的重要程度，将每种差距按顺序（1 ~ 10）记录在与其重要程度相对应的方框内；其次，与小组其他成员一起比较和讨论排列的结果；最后，通过讨论，就哪种差距最为关键达成一致意见。“重要性”维度优选关键差距示例如表 7-3 所示。

表 7-3　“重要性”维度优选关键差距示例

关键差距	重要程度									
	1	2	3	4	5	6	7	8	9	10
关键差距 1						√				
关键差距 2							√			
关键差距 3				√						
关键差距 4								√		
关键差距 5									√	

注：1 为重要程度最低，10 为重要程度最高。

最终确定的关键差距为：关键差距 5。

确定差距画布的引导技巧

确定差距画布是绩效改进商业画布的核心内容，它可以帮助我们找到并描述绩效杠杆，因此在确定差距画布上花费更多的时间是必要的。这对于绩效改进顾问而言，就需要具备基本的引导技能，即引导者技能，同时还需要尽量使用开放式问题而非封闭式问题进行提问。

在《引导：团队群策群力的实践指南》（英格里德・本斯）一书中提到了 11 个引导者技能，我认为以下 5 个是在这个阶段特别重要的技能。

1）积极聆听

我把积极聆听放在首位，以此来凸显它的重要性。积极聆听可以让我们保持中立的态度，这本身就是在践行“RSVP+”原则。积极聆听要求我们在聆听的过程中放下自己的评判，不轻易打断对方，可以使用“SOFTEN”原则进行积极聆听。

S——微笑（Smile）;

O——注意聆听的姿态（Open Posture），如做笔记；

F——身体前倾（Forward Lean）;

T——音调（Tone）;

E——目光交流（Eye Communication）;

N——点头（Nod）。

在整个研讨过程中，我们应保持对在场每一个人的关注，对不善发言的人给予鼓励。

2）确保不偏离主题

这个非常重要。在现实中，我们经常因为在探讨到关键问题时联想到其他的问题，从而导致“跑题”，特别是团队“老大”在场的情况。为了使研讨更聚焦，我们需要设定讨论的规则，确保在规定的时间内完成，有时还会请某个人做计时员。当有人跑题时，我们可以适时打断，温和地指出来，把偏离主题的议题记在一张写有“停车场”的白板纸上（贴在墙上），意思是这个议题被记录下来，如果主题讨论结束后还有时间，就可以讨论这个议题，或者以后再找时间交流。

3）给予和接受反馈

这要求我们在引导的过程中“举起镜子”，给予参与者反馈，帮助他们看清自己，并根据我们的反馈做出调整。这需要我们保持中立的态度，避免我们的想法影响参与者思考的角度。因此，在给予和接受反馈的过程中，更多的是复述大家的想法，而不是自己的想法，这一点特别重要。要学会“闭嘴”，了解大家对过程和内容的感受和看法，而不是自己的。

4）厘清对方想法背后的假设

这一点特别重要。我们在交流的时候，通常只表达自己的想法，却没有表达想法背后的假设，还常常默认对方也有同样的假设，这会造成很大的误解。因此，我们需要厘清对方想法背后的假设，促进彼此间的相互理解。

在一次用确定差距画布进行描述时，某一小组的关键差距是“推荐次数”，这是一个提高招聘完成率的课题。该公司是一家集团性公司，有很多子公司，该小组认为提高招聘完成率的关键差距是“推荐次数”。在描述整体的关键差距分析的过程中，大家热烈地讨论，甚至出现了“争吵”。通过认真倾听，我发现实际上他们背后的假设是不一样的：一个是做内部推荐，即不同子公司之间的调岗；另一个是做外部推荐，即推荐集团之外合适的人选。于是，我适时地打断他们的“激烈争吵”，提醒他们厘清对方想法背后的假设到底是什么，即关键差距“推荐次数”到底指什么。大家恍然大悟，后来该小组将关键差距修改为“外部推荐次数”。

5）有效提问

这要求我们在恰当的时机提出有效的问题，也就是根据当时的情境，选择合适的提问方式。好的提问能得到好的回应，把问题抛给需要回答它的人。在开始阶段特别建议使用开放式问题而非封闭式问题进行提问，以此来探索大家真实的想法，从而提高研讨的效率。封闭式问题和开放式问题描述和示例如表 7-4 所示。

表 7-4　封闭式问题和开放式问题描述和示例

提问类型	描　述	示　例
封闭式问题	一两次就能够回答清楚 通常寻求的答案是“是或否”“同意或不同意”“数量多少”等 回答不具有延展性	是否每个人都能理解我们刚刚讨论过的这些差距
开放式问题	答案不是“是”或“不是”那么简单 能够激发思考 问句通常以“有什么”“如何”“什么情况下”“为什么”等方式提出 回答具有延展性	关于确定的关键差距，大家有什么想法吗

对于开放式问题，第一，提出的问题要清晰、简洁；第二，每次仅提出一个问题；第三，要基于参与者的背景状况，提出恰当、合理的问题；第四，提问态度要诚恳，切中主题。

回顾本章

接下来用一些简单的回顾性题目结束这一章的内容。请从每一项后面的括号中选出最适合这句话的词语。

（1）确定关键差距就是在关键差距分析的基础上，对最终选择的关键差距进行（□定量 / □定性）描述的过程。

（2）（□应有水平 / □合理水平 / □卓越水平）是在自己的组织内能够达到的最高水平；（□应有水平 / □合理水平 / □卓越水平）是行业中的标杆企业达到的水平；（□应有水平 / □合理水平 / □卓越水平）是某一个细分领域的世界级水平。

（3）“是否每个人都能理解我们刚刚讨论过的这些差距？”这是（□封闭

式问题 / □开放式问题)。

(4)确定差距画布的主要工具是(□关键差距整理表 / □"重要性"维度)。

(5) 我们在交流的时候，通常只表达自己的想法，却没有表达想法背后的假设，这要求我们在研讨关键差距时需要掌握 (□积极聆听 / □确保不偏离主题 / □给予和接受反馈 / □厘清对方想法背后的假设 / □有效提问) 技能。

1. 答案

请将书倒过来查看答案。

答案：

(1) 定性　　　　　　(2) 应有水平；合理水平；卓越水平

(3) 封闭式问题　　　(4) 关键差距整理表

(5) 厘清对方想法背后的假设

2. 解释

(1) 确定关键差距就是在关键差距分析的基础上，对最终选择的关键差距进行定性描述的过程。如果通过关键差距分析一眼就发现了关键差距，则只需要使用关键差距整理表进行描述即可；如果发现的差距比较多，就需要通过其他工具予以分析后，再进行描述。确定关键差距的目的是再一次对关键差距分析的结果予以描述和解释，从而使研讨课题的团队成员间达成共识。

(2) 应有水平是在自己的组织内能够达到的最高水平；合理水平是行业中的标杆企业达到的水平；卓越水平是某一个细分领域的世界级水平。这是关键差距的层级。绩效改进是一个从好、到更好、再到最好的过程，也是一步一个脚印、不断改善的过程。因此，我们首先要达到应有水平，再达到合理水平，最后达到卓越水平。

（3）“是否每个人都能理解我们刚刚讨论过的这些差距？”这是封闭式问题，即一两次就能够回答清楚的问题，通常寻求的答案是“是或否”“同意或不同意”“数量多少”等，回答不具有延展性。开放式问题的答案不是“是”或“不是”那么简单，它能够激发思考，问句通常以“有什么”“如何”“什么情况下”“为什么”等方式提出，回答具有延展性。

（4）确定差距画布的主要工具是关键差距整理表。无论使用哪种工具进行优选，最终都需要使用关键差距整理表进行定性描述，以帮助大家更好地理解。因此，确定差距画布的研讨框架主要使用关键差距整理表进行描述。

（5）我们在交流的时候，通常只表达自己的想法，却没有表达想法背后的假设，这要求我们在研讨关键差距时需要掌握“厘清对方想法背后的假设”技能。因此，我们需要厘清对方想法背后的假设，促进彼此间的相互理解。

积极聆听要求我们在聆听的过程中放下自己的评判，不轻易打断对方，可以使用“SOFTEN”原则进行积极聆听；确保不偏离主题要求我们使用“停车场”的方式将偏离主题的议题记录下来；给予和接受反馈要求我们在引导的过程中“举起镜子”，给予参与者反馈，帮助他们看清自己，并根据我们的反馈做出调整；有效提问要求我们在恰当的时机提出有效的问题，也就是根据当时的情境，选择合适的提问方式。

第 4 篇

分析原因

如果只有一个小时的时间去拯救世界，我会花 55 分钟来明确问题，再花 5 分钟寻找答案。

——阿尔伯特·爱因斯坦

第 8 章　使用分析原因画布，查找真正原因

在开始介绍本章内容之前，我们先做一个评估测试，这个测试来自《从培训专家到绩效顾问》一书，一共两个问题，且都是单选题。这个测试没有标准答案，仅作评估思考之用。准备好了吗？不需要想太多，请在 3 分钟内完成。

（1）你能否把工作做得更好一些？哪怕一点点。

□能　　　　　　　　　　□不能

（2）接下来，更进一步，如果（　　　），我就可以表现得更好。（只能选一个选项）

□ A. 我了解公司对自己的期望，且有更明确的工作反馈和更畅通的信息渠道

□ B. 我掌握工作所需的更好的工具和资源

□ C. 我因为工作出色得到更好的精神和物质激励

□ D. 我接受更多、更好的培训来完成工作

□ E. 我的个性和能力与工作更加匹配

□ F. 我对工作的关心较多，确实想把工作做好

你的回答是什么？如果第一道题选择了“能”，意味着你其实可以把工作做得更好，“更好”是绩效改进所期望的，也是永无止境的。对于第二道题，我遇到的大多数人都选择了前三项，且选择选项 A 的最多。你的回答是否也是这样？第二道题的六个选项，正是本章要阐述的有关分析原因的核心概念：吉尔伯特行为工程模型（BEM）中的六个层级。我认为 BEM 是绩效改进知识中必须理解和掌握的内容。

分析原因的核心概念

分析原因的核心概念是 BEM。这一概念是由“绩效改进之父”托马斯·吉尔伯特在他的代表性著作《人的能力》中提出的，这本书也给我们提供了一种系统化识别个人和组织绩效障碍的方法。

接下来，我将具体阐述这一模型，并与自己的实践结合，以帮助大家更好地理解这个模型。先回到本章开始的评估测试，来看一下第二道题的六个选项分别代表 BEM 的哪个层级。

选项 A 属于第一层信息：我了解公司对自己的期望，且有更明确的工作反馈和更畅通的信息渠道。

选项 B 属于第二层资源：我掌握工作所需的更好的工具和资源。

选项 C 属于第三层结果：我因为工作出色得到更好的精神和物质激励。

选项 D 属于第四层知识和技能：我接受更多、更好的培训来完成工作。

选项 E 属于第五层能力：我的个性和能力与工作更加匹配。

选项 F 属于第六层动机：我对工作的关心较多，确实想把工作做好。

总结下来，BEM 的层级结构如表 8-1 所示。

表 8-1 BEM 的层级结构

组织因素	第一层信息
	第二层资源
	第三层结果
个人因素	第四层知识和技能
	第五层能力
	第六层动机

大多数人的选择主要集中在前三项，即前三层，这说明他们大部分工作没有做好的原因来自组织因素，而非个人因素。这与吉尔伯特的观点一致，他认为导致工作绩效欠佳的原因更多的是组织因素，而非个人因素。但现实情况是，我们特别喜欢且坚持不懈地“修理”个体，而不是组织环境。事实上，“修理”组织环境成本更低，也更容易。

那么，BEM 的每一层对于绩效的影响比例具体是多少呢？学者迪恩经过对 BEM 层级影响的调查统计，得出了与吉尔伯特一致的观点。BEM 的层级对绩效影响的比例如表 8-2 所示。

表 8-2 BEM 的层级对绩效影响的比例

组织因素	第一层信息	35%
	第二层资源	26%
	第三层结果	14%
个人因素	第四层知识和技能	11%
	第五层能力	8%
	第六层动机	6%

注：“第一层信息”为最高层级，“第六层动机”为最低层级。

为了避免大家混淆，如将表 8-2 中组织因素的“第一层信息”理解为第一层只包含信息这个因素，我将使用层级的概念代替表 8-2 中 BEM 对每一层的定义，即使用“第一层”而不用“第一层信息”这样的表述。从表 8-2 中我们可以发现，BEM 中的层级越高，对绩效的影响越大，但越容易改变。所以，

BEM 的最大优点在于告诉我们思考问题的层级关系，即永远从第一层开始思考，而不仅仅从看到的某一个层来思考。

某天，我突然接到一个陌生的电话，她自报是某集团的 HRD，说集团总经理指定找我解决一些问题，希望我给员工讲一堂提高团队凝聚力的课程，因为他们整体的团队氛围很怪异。我判断她的需求在 BEM 中是第四层，但要回到第一层来问。于是，我们约了见面，我开门见山地问她："假设我讲授完与团队凝聚力有关的课程，而且非常成功，你觉得你们团队的凝聚力问题就一定能解决吗？"她犹豫了一下，说："那也不一定，是总经理建议我找你讲授这堂课程的。"我微笑着说："让我讲课可不便宜，而且你又不确定这个课程是否能解决目前的问题，性价比太低了。"她点点头表示肯定。"到底怎么回事，能详细地说说看吗？"我接着问她。这一次仿佛帮她打开了话匣子，她讲了 20 多分钟，期间我一直认真倾听，没有打断她。原来，他们团队最近 3 个月的业绩出现了大幅下滑，高管团队之间互相指责是因为对方团队的工作失误导致的业绩下滑，于是他们各自为政、互相拆台，导致下级经理收到的指示经常矛盾，大家都不知道该如何行动，整体的团队氛围很涣散，团队凝聚力出了问题。听完后，我问她："你觉得你们的当务之急是先解决第一团队（高管团队）的团队凝聚力问题，还是整个公司的凝聚力问题？"她想了想，说："第一团队！"我开始从 BEM 的第一层问起："第一团队从今年 9 月到年底，最重要的工作是什么？"她纠结了一会，说："我知道我们 HR 团队的工作，但不知道整个团队的工作，我们应该都不清楚。"我鼓励地点点头，说："如果我来帮第一团队厘清和明确年底前整个团队最重要的工作是什么，使大家能够达成共识，你觉得对提高团队凝聚力有帮助吗？"她说："一定会的，因为大家现在都不清楚这个问题。"接下来，我在一周内给他们开了一场目标共识会议，用了 3 小时的时间，帮助第一团队最终对目标达成了共识。

特别有意思的是，达成共识之后，他们发现原来的很多工作都是互相拆台的，现在需要他们一起协作弥补。这次引导会议不仅使第一团队的凝聚力提高了，还使团队的整体业绩在年底前环比提升了 30%。

这个案例是我遇到的真实案例。原来的需求是第四层，培训是知识和技能层面的工作，而真正导致第一团队凝聚力出问题的原因是第一层，即大家没有统一的团队目标。而且，凝聚力出问题只是一个症状，不是真正的原因。如果我接受他们的邀请，开展团队凝聚力的培训，不仅问题得不到解决，而且成本远远高于一次引导会议的成本。这样的工作就违反了“RSVP+”原则，作为一名绩效改进顾问，这是我不想看到的。当然，我并不是说培训并不重要，如果发现的问题就是知识和技能层面的问题，培训当然是必须进行的。但我更想强调的是，分析真正的原因更为重要，BEM 给了我们一个很好的方式去思考问题的层级逻辑，我特别建议大家能够熟练应用这个模型，这对组织和个人来说，都会增加价值。

接下来，我将结合自己的实践及对《人的能力》一书的解读，对 BEM 进行重构，以便大家更容易理解这个模型。重构最大的变化是把数据这个因素单独列了出来，我认为，数据不应该仅是第一层的内容，它还应该包含在所有层级中。另外，我特别想强调数据的重要性，我重构的 BEM 如图 8-1 所示。

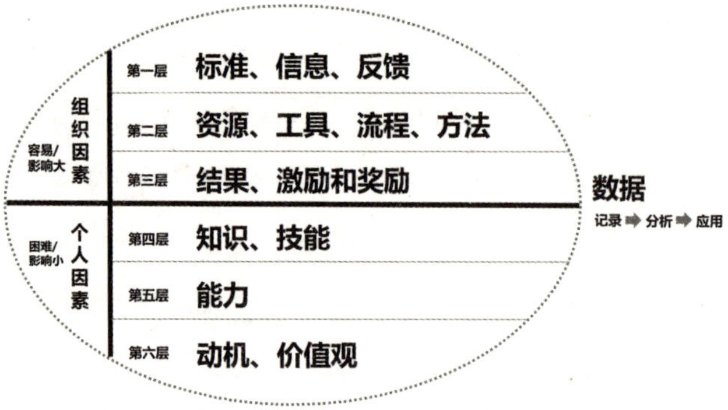

图 8-1 重构的 BEM

由图 8-1 可知，组织因素是前三层：第一层包括标准、信息、反馈；第二层包括资源、工具、流程、方法；第三层包括结果、激励和奖励。个人因素是从第四层到第六层：第四层包括知识、技能；第五层包括能力；第六层包括动机、价值观。由于前三层对于绩效的影响占 75%，因此我主要针对前三层的组织因素进行详细的阐述。而对于个人因素，我仅进行概括性的阐述。无论原因在哪一层，请首先且永远从第一层开始分析，这一点至关重要。“分析下一层的原因解决不了上一层的问题”，因此必须从上一层开始分析。

我们先来看第一层。

1．第一层：标准、信息、反馈

第一层关键词：清楚有效。

BEM 第一层的要求：无论是标准、信息，还是反馈，都必须定义得清楚有效。我们也可以使用这个关键词对第一层的因素进行提问。例如，可以问：“标准定义得清楚吗？”如果清楚，可以接着问：“这个标准有效吗？”照此类推，可以问：“信息定义得清楚吗？”如果清楚，可以接着问：“这个信息有效吗？”反馈也是这样。直到对方回答“不清楚”“无效”，或者表现出犹豫，或者说出“我不知道”之类的词时，往往就找到了原因。这时，我们需要把这个原因记录下来，作为导致关键差距产生的原因之一。如果对于 BEM 第一层的回答都是清楚有效的，再问第二层的因素。这是我同参与者一起分析原因时，经常使用的技巧。

在一次绩效改进课程中，一位学员在分析原因时，发现其中一个原因是客服人员很少微笑。对此，他感到很困扰，因为他们对于微笑服务是有要求的。他找到我说：“我们对微笑服务的要求很高，可是客服人员真的很少微笑，老师您知道为什么吗？”我笑着说：“你们对微笑服务是如何要求的呢？”他想了一下，说："就是要对每一位顾客保持微笑，如果我们发现他不微笑，会扣他的绩效奖金。"我很清楚绩效奖金被扣是第三层，但还是要回到第一层，明确他们的要求是否清楚有效。于是，我接着问："你们是如何定义微笑的？"他有点困惑地看着我说："微笑就是微笑，就是笑啊！""怎么笑才能符合你所说的微笑服务呢？这一点是不清楚的，无法被衡量。"我回答说。他恍然大悟，并反思如何把这个要求说得更清楚有效。后来，他们用"露齿率"作为评价微笑服务的标准，从而解决了微笑服务的问题。

因此，我们在分析原因时，要明确 BEM 第一层的应用关键是清楚有效，对第一层的三个因素，都可以将关键词放入其中进行分析。

1）标准

BEM 第一层的首要因素是标准。标准是科学、技术和实践经验的总结。标准化可以令组织快速复制，且保持相同的品质。例如，麦当劳快餐对于食品加工和制作建立了统一的标准，使我们在任何地方都可以吃到相同口味的食品。标准分为硬标准和软标准，硬标准是强制性标准，如国家标准、行业标准，软标准是非强制性标准，需要将标准行为化，且清楚有效地定义它。

我有一位同事，她对孩子的家庭教育有很多实战经验。她的儿子从来没有在写字作业上被老师公开表扬过，她觉得这对培养孩子的自信心不利。于是，她在晚上用了两小时的时间，在旁边监督儿子完成写字作业。她认为这次儿子的写字作业完成得非常好，肯定可以受到老师的表扬，但结果又一次令她失望。她有点苦恼，向我诉苦。我想了想，问她："你清楚'好'的写字标准是什么吗？注意不是你认为的标准，而是老师认为的。"她一愣，然后说："难怪，我以为我知道，其实我并没有问过老师'好'的标准是什么，我一直用我以为的标准来要求儿子。"后来，她专门与儿子的老师进行了沟通，发现其实特别简单，因为老师要求的好的写字作业标准是"顶格写"，她一直都以为是页面干净清爽，然后让儿子反复地修改。这次，她只用了 50 分钟，一直提醒儿子“顶格写”，结果获得了老师的表扬，她和儿子都非常开心。

类似这样的案例在现实中比比皆是，标准定义得清楚有效要求我们对一项工作的理解应该是统一的，而不是自己以为的。例如，我们要求员工工作的标准是“要有主动性”，但“主动性”这个定义就不够清楚有效，我们需要将“主动性”行为化，如将“要有主动性”定义为“凡事有交代，件件有着落，事事有回音”，这就比“要有主动性”清楚有效得多，而且员工知道该如何做才能达到这个标准。再如，设计师们经常抱怨，说客户要求设计的标准是“高端、大气、上档次”，可是每个人对“高端、大气、上档次”的理解都不一样，设计师们经历了无数次的修改，不仅浪费了宝贵的时间，还让客户很不满意。很多时候，客户不知道该如何描述标准时，就会用到这样的词汇，无法清楚有效地定义标准。这时，设计师们就需要耐心地与客户沟通，理解他们的设计意图、受众人群、是否有过往案例，以及客户的审美和色彩偏好等。通过充分沟通，最终将“高端、大气、上档次”这个设计标准定义得更为清楚有效。

2）信息

信息因素最重要的是分类，对信息的分类也要清楚有效。

我曾经在逛街时，看到一位化妆品促销员在店门口派送免费的精油香皂。令我十分诧异的是，在我经过店门口时，这位促销员也递给我一块，说是免费的。我接到手后，很自然地放到了包里。但直到一个月后，我洗包的时候才发现了这块精油香皂，它早就被我遗忘，而被水泡过后也无法使用，最终被扔掉了。

这家化妆品店是希望通过赠送精油香皂的方式引导客户试用，进而购买他们的产品，这是商家常用的一种促销手段。但是，这家门店并没有对客户进行分类，将精油香皂赠给我这类不用它的男性客户，不仅浪费了门店的资源（一块精油香皂），也不会给门店带来任何的销售额，这是没有对客户信息进行有效分类的结果。更好的做法是，把客户分为男性客户和女性客户，针对不同的客户群，免费赠送不同的产品。如果该门店的产品针对的是女性客户，就只赠送女性客户产品，而对于男性客户则不予赠送。

信息分类的角度有很多种，如从客户的角度来看，可以分为新客户和老客户，也可以分为会员和非会员等。根据不同的客户分类，可以采取不同的措施，如会员价格比非会员价格更优惠，或者为会员提供更多的增值服务。回顾第 6 章的内容，你会发现，关键差距分析本身就是在进行信息的分类，在关键的信息上使力，这个道理同样适用于这里。

3）反馈

反馈因素最重要的是及时，在及时的基础上也要确保清楚有效。

想象一下，你在某购物 App 上购买了商品，一周过去了依然显示原始订单的状态，没有其他任何反馈。如果你对订单中的商品需求特别急，你会不会焦虑呢？当然会。相反地，如果订单的物流信息能够及时、准确地反馈给你，让你知道购买商品的物流状态，你就会非常安心，这就是及时反馈的作用。有一个著名的反馈效应实验。将一个班的学生分成三组，每天学习后进行测验，测验后分别给予他们不同的反馈方式：第一组每天告知一次学习结果，第二组每周告知一次学习结果，第三组只测验不告知学习结果。8 周后将第一组和第三组的反馈方式对调，第二组的反馈方式不变，实验再进行 8 周。反馈方式改变后，第三组的成绩有明显进步，而第一组的成绩逐步下滑，第二组的成绩稳步提升。这个实验证明了及时反馈的重要性。

在一次原因分析中，一个销售团队一直在纠结。他们有非常清楚有效的销售标准和客户分类，针对会员和非会员制定了不同的销售跟踪策略，同时对反馈的要求也非常清楚有效，会在固定的时间周期内与客户进行反馈沟通，电话沟通的流程也非常清楚有效。他们困惑的是，标准、信息和反馈都定义得清楚有效，但为什么销售业绩提升不明显。我与他们一起重新梳理了一遍分析原因的过程，然后问："员工做得如何，你们是怎样跟踪的？"他们愣了一下，然后恍然大悟，BEM 第一层都是清楚有效的，但他们忘了对自己的员工进行跟踪反馈。BEM 第一层是组织因素，是管理者要深入研究的，我们不仅要把第一层定义得清楚有效，对执行者的跟踪反馈也要确保清楚有效。所以，其销售业绩提升不明显的真正原因是他们没有建立对销售人员执行政策的跟踪反馈标准。

在组织中，及时反馈有两种方式：第一种是对客户的反馈，我们可以建立清楚有效的反馈机制，从而提高客户的满意度；另一种是对组织内部的反馈，也就是管理中的反馈，这是我们经常忽略的，对执行者的及时反馈和跟踪也是非常重要的。

我们接下来看第二层。

2. 第二层：资源、工具、流程、方法

第二层关键词：简单有效。

BEM 第二层有四个因素：资源、工具、流程、方法。这一层发挥作用的前提是第一层清楚有效，因为"分析下一层的原因解决不了上一层的问题"，这一点请谨记。

第二层的关键是简单有效，但简单有效的背后一点儿都不简单，需要深入进行，既要"读万卷书"，又要"行万里路"。只学习绩效改进是无法深入

浅出的，需要不断地实践应用，才能真正领悟绩效改进的真谛。“微信之父”张小龙说过：“极简方能不被超越。”这是对简单有效最好的诠释。

1）资源

资源应该是简单有效的，即必备资源。资源包括三大类：物力资源、人力资源和资本资源。任何一个组织都需要这三类资源，否则就无法生存。

物力资源：是指组织在生产经营过程中需要的一切物质资料。在这个方面追求简单有效本质上是追求性价比。例如，设计师买一台高配置的电脑无可厚非，这是工作需要，但普遍文员如果不是出于品牌文化的需要，使用高配置的电脑就有点“奢侈”了，不符合最优性价比原则。

人力资源：人力资源是第一生产力，而人才资源则是核心生产力。人才从选拔到培养、从使用到考核，这一系列过程的目的是为组织增值。人力资源也需要追求性价比。一方面，优秀的人才如果没有被放到合适的位置上，就会造成人才浪费，给组织带来损失；另一方面，要避免人才“高消费”现象，如只追求高学历，而不顾及岗位的需要，这也是一种极大的浪费。

资本资源：主要指资本，包括资金等相关资源，它同样追求性价比。

2）工具

人与其他动物最大的区别是人会使用工具。工具本身无好坏之分，关键在于是否简单有效。从性质上看，工具包括“硬工具”和“软工具”。

“硬工具”是外显的，看得到或摸得到，如丈量身高的量尺、测量体重的磅秤、种树使用的铁锹等，都属于“硬工具”的范畴。总体来说，“硬工具”是参与完成各项活动的重要手段之一，选择合适的“硬工具”会使我们的工作效率更高。

“软工具”是内隐的，往往是图形、文字、数字、数据等信息载体，最终会存储于人的头脑中。利用“软工具”可达到意想不到的效果，如话术就是一种我们经常使用的“软工具”。

有一位学员在服装行业做销售管理，在听我讲解完 BEM 后，课间找到我说：“我们有话术，但我感觉没有起到应有的作用，您能帮我看看吗？”我问：“你们的话术是什么？”她说：“当客户一进门时，我们就会说‘欢迎光临，请问您需要点什么’，这个话术非常简单，大家一学就会。”我点点头问：“你觉得这个话术在 BEM 第一层有没有问题？”她想了一下，说：“我们没有在店外随便抓一个人就用这个话术，而是只针对进店的人，说明我们对客户的定义很清楚。”我又点点头说：“是的，第一层很清楚，这个话术也很简单，那客户的反应如何？”她说：“大多数客户都会说‘我随便看看’。”她突然停顿了一下，然后大声说：“哦，我明白了，你是说我们的话术虽然简单，但不够有效，对吗？”我肯定地点点头，然后说：“这个话术还能优化吗？注意先从第一层开始思考，虽然你们对客户的定义很清楚，但没有了解他们的需求，是否可以通过简单的话术问出客户到底想买什么？我们首先要明确第一层的问题，然后使用简单有效的工具落地。”

后来，她所管辖的门店都统一运用了新的话术“客户三问”。当客户进来后，销售人员会热情地提出“第一问”：“您好，请问您今天想买的衣服是上装还是下装？”这其实是在探寻客户购买的衣服类型。如果客户回答“上装”，销售人员会一边引导客户到上装区域，一边进行“第二问”：“您是平时穿还是上班穿？”客户回答：“上班穿。”这其实是在探寻客户购买衣服的使用场合。然后，销售人员会问“第三问”：“您喜欢修身的还是宽松的？”客户回答：“修身的。”这其实是在探寻客户喜欢的衣服样式。通过这三问，销售人员就基本知道该推荐什么类型的衣服了，同时配合“让客户试穿两套以上”的标准动作，就这样在其他因素都没有改变的前提下，仅通过话术的改变，就使门店当月的销售额提升了 6%。

这就是“软工具”的力量，类似的案例还有很多。对提升绩效有帮助的工具一定是简单有效的，但是我们需要先在第一层上想清楚，在第二层上做明白。

3）流程

好的流程一定是简单有效的。从组织层面来看，好的流程可以提高效率，从而提高客户的满意度。例如，我们在某购物 App 上购买商品时可以发现，其退换货的流程非常简单，可以无理由退换货，而且退款即时到账，这样就可以大大提高客户的满意度，这就是该购物 App 退换货流程设计得简单有效的结果。好的流程也可以避开“人性的陷阱”。以用 ATM 取款为例，客户常常在取款后忘记取回银行卡，导致被吞卡而需要进行一系列烦琐的流程来取回银行卡。从银行的角度来看，吞卡是为了保护客户的财产不受损失，但这会占用银行很多资源，增加工作量，结果双方都不满意。如果把 ATM 取款的流程改变，由原来的先取钱再退卡，改为先退卡再取钱（暂不考虑其他风险），这样吞卡的概率就会大大降低。与之相反，不好的流程也会带来反作用。

有一次聚餐，我们进店刚坐下来，就有一位服务员热情地过来点菜，同时问我们是否办理一张会员卡，当天办理当天打折，有效期是一年。我问服务员是否要花钱，他说要，我摇摇头说不需要。之后，他又到另外一桌，用同样的话术询问要不要办理会员卡，对方的回复也是不办理。基于绩效改进顾问的本能，我马上问大家，如果要提高会员卡的售卖率，怎么做更好？大家七嘴八舌，最终一致认为这个话术在第一层是清楚有效的，进来吃饭的都是客户，服务员没有在门外推销会员卡，说明他们对客户的定义很清楚。问题出在第二层，有话术但不够有效，且流程也不对，应该在客户买单时推销，而不是刚进来时推销。最终，我们认为这个话术可以改成：“我看了一下账单，建议您办理一张会员卡，打完折之后只需要加一点钱，而且以后消费还能打折，您要不要办一张？”人是很在意当下的感受的，我相信这个流程和话术的改变，一定会提高客户办理会员卡的概率。

值得一提的是，《流程圣经》一书提到，好的流程应当与客户有连接，即所有的流程节点都可以达到客户层面。但在现实中，组织里存在大量与客户无关的流程，迫使管理层把大量的时间耗费在基层、低级问题的解决上，而把本应关注客户和分析竞争对手的宝贵时间占用，而那些可以在现场解决问题的基层人员却无权为现场出现的状况负责。更为糟糕的是，各部门的负责人经常各执一词、争执不休，使跨部门协调问题久悬不决。每到这个时候，我们就会听到“事情卡了壳”和“问题石沉大海”这样的说辞，这些都是组织中流程构建无效的表现。

4）方法

方法依然需要简单有效。工具和方法经常是交换的，我们使用某个方法可能会用到某个工具，而使用工具本身，也会用到一些方法。例如，大家都知道“曹冲称象”的故事。要想测量大象的体重，应首先将大象赶到船上，沿着水面在船舷处刻上记号，之后将大象赶上岸，再将石头装上船，直到船下沉到记号处，最后测量这些石头的重量就能知道大象的体重了。这个过程既运用了方法，也使用了像船这样的工具。

第二层是有关资源、工具、流程、方法的，我进行了比较详细的阐述，我们接下来看 BEM 第三层。

3．第三层：结果、激励和奖励

第三层关键词：整体性和一致性。

如果没有激励和奖励，结果是否还会发生？例如，组织对员工完成任务的要求清楚有效，而帮助他们完成任务的工具和方法也清楚有效，即使没有给予员工激励和奖励，往往组织期望的结果也会发生。相反，如果组织给予员工非常多的激励和奖励，结果是否一定会发生？答案是不一定。因此，不可以孤立地看待 BEM 第三层，基于“分析下一层的原因解决不了上一层的问题”，我们需要把 BEM 的三个层级一起看，同时还要理解结果、激励和奖励之间的关系。

1）结果

结果这个因素，主要从两个维度进行分类：一是期望的结果发生，二是期望的结果未发生（失望的结果发生）。

期望的结果发生，往往证明 BEM 的第一层和第二层是有效的；而失望的结果发生，是因为 BEM 的第一层和第二层无效，或者没有经过第一层和第二层，直接跳到结果。那么，在这个逻辑下，激励和奖励实质上是起到加速器的作用。激励和奖励可以加速期望的结果发生，而如果失望的结果发生（BEM 的第一层和第二层无效），即使使用激励和奖励也是无用的。BEM 结果因素与三个层级的关系如图 8-2 所示。

除此之外，还需要考虑 BEM 的第一层到第三层的一致性问题，期望的结果要与激励和奖励是一致的。例如，假设你的孩子只要考了高分（这是你期望的结果），你就给他买大件礼品，以后孩子就会认为，要想获得大件礼品，就要考高分，但其实你希望孩子考高分是因为这对他个人的能力和未来的前途有帮助，而不是获得大件礼品。这就是你期望的结果与激励和奖励的一致性出现了问题。要想解决这个问题，就需要考虑期望的结果与激励和奖励的一致性问题。还是上面的例子，孩子考了高分，你应该通过认同和赞美，告诉孩子这个事情对他未来的重要性，或者通过一些其他内源性的激励方式来激励孩子。当然，也可以有一些物质奖励，但不能让孩子产生考高分就是为了获得大件礼品的思维逻辑。

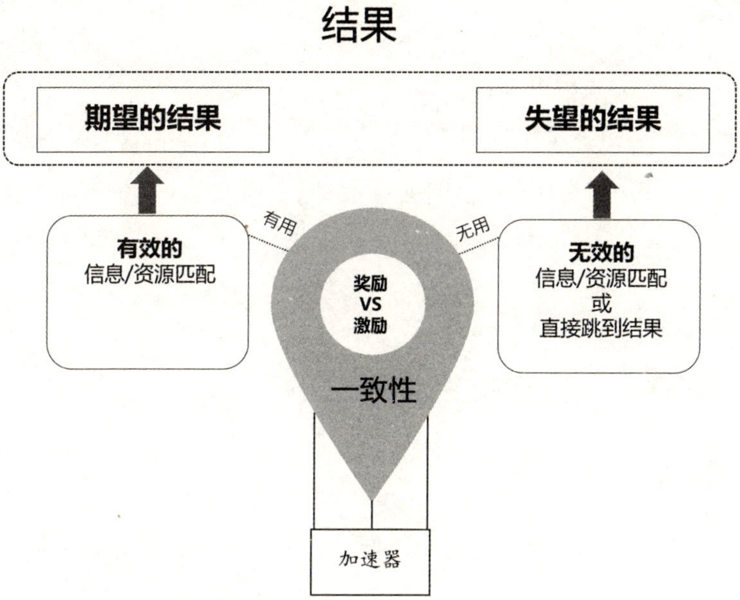

图 8-2　BEM 结果因素与三个层级的关系

2）激励和奖励

只有通过努力可以达到期望的结果，激励和奖励才会有效，即“重赏之下未必有勇夫”。激励和奖励是否有效，关键是期望的结果能否达到。但期望的结果能否达到，与 BEM 的第三层的关系不大，而是要先在 BEM 的第一层和第二层上使力。比较典型的案例是，当销售业绩下滑时，组织通常的做法是提高销售人员提成的比例，或者加大奖励的额度，但如果仅在这一层上使力，而不考虑第一层和第二层，往往收效甚微。

激励是内源性的，人们做出某种行为是为了获得这个行为带来的成就感，如认可、欣赏、责任感、提供具有挑战性的工作等；奖励是外源性的，人们做出某种行为是为了获得物质或社会报酬，如谋求更好的社会地位、奖金报酬等。在我看来，这些方式在设计时都需要涉及，激励和奖励在 BEM 的第三层起到的是加速器的作用，如果想要期望的结果快点发生，就要加大激励和奖励的力度。

结果这个因素非常重要，但我们不应该首先在这个因素上使力。在现实中，组织很少在结果层面做得不好，而将激励和奖励机制做得又清楚又仔细，反而在第一层和第二层上的使力不够。因此，BEM 给了我们非常好的思考问题的思路，就是从上到下一层一层地思考问题，这也是这个模型最有价值的地方之一。

4. BEM 个人因素的三个层级

1）第四层：知识、技能

知识和技能在个人因素中最为重要，优秀的人才都具备这方面的优势。我们在分析完组织因素后，就可以考虑个人因素的问题，导致期望的结果没有发生的原因可能是个人的知识和技能出了问题，如知识和技能陈旧，跟不上时代的发展。但我们在解决这个层面的问题时，往往又要通过 BEM 的前三层解决。例如，提供新的知识信息，这是第一层；提供有效的工具和方法使其快速胜任，这是第二层。

2）第五层：能力

能力是指我们的天赋潜能，是我们与生俱来的。例如，一些特殊的能力如音乐的天赋、数学的天赋等都是我们与生俱来的，身高也是我们与生俱来的。在一些行业中对身高也有特别的要求，如空姐的身高通常要超过 163cm，这是因为她们需要协助乘客放行李。能力的改变是比较困难的，解决的思路仍然是通过 BEM 的前三层解决，如开发一个方便空姐放行李的工具，就比改变身高容易得多。

3）第六层：动机、价值观

动机和价值观是最难改变的。如果问题产生的真正原因是动机和价值观，那么我们首先要思考的不是如何改变一个人的动机和价值观，而是回到第一层检查我们在选择标准时是否出了问题，改变标准要比改变一个人的动机和价值观容易得多。

5. 每一层都需要考虑的因素：数据

随着数据化时代的到来，我们每时每刻都在享受数据带给我们的便利。例如，淘宝网会记录我们的消费习惯数据，根据我们的偏好来设置推荐页面，所以淘宝网的页面是“千人千面”的，这是数据分析带来的。数据已经渗透到当今每一个行业和业务职能领域，成为重要的生产因素。

数据包括三个步骤：记录、分析和应用。在真实的工作坊中，我经常遇到的难题是学员在讨论问题时没有记录数据的习惯，这并不是最可怕的，最可怕的是他们回去之后依然没做任何记录数据的工作。

只有记录还不够，因为数据本身是没有意义的，我们还需要对数据进行分析。有效的分析才可以提供有效的支持，从而帮助我们分析和决策，以及做出预测。

数据分析的目的是应用。只有进行客观的记录和有效的分析，才能提供有价值的应用。可以说，数据优势是未来商业战场上的一把“利刃”，可以让我们成为商业战场上的“常胜将军”。

我用了较多篇幅来解释 BEM，请一定记住“分析下一层的原因解决不了上一层的问题”。无论原因在哪一层，请一定先从第一层开始分析，相信你一定会得到不一样的视角，解决问题也会更为容易。分析原因画布的应用工具就是使用 BEM 进行结构化的研讨，接下来我将予以进一步的说明。

分析原因画布的应用工具

1. 主要工具

分析原因画布的应用工具是基于 BEM 的结构化框架，分析原因画布的研讨框架如图 8-3 所示，这是分析原因画布的主要工具。

分析原因

层级	原因描述
第一层	
第二层	
第三层	
第四层	
第五层	
第六层	

图 8-3　分析原因画布的研讨框架

我通常使用 BEM 原因转换表让大家一起进行原因分析，无论原因在哪一层，都首先从第一层开始分析。这是一个“傻瓜”工具，使用方法是将大家认为的关键差距的形成原因中最初讨论的原因进行转换，在认为确定的原因的对应方框内打钩即可。BEM 原因转换表如表 8-3 所示。

表 8-3　BEM 原因转换表

最初讨论的原因	转　　换	确定的原因
（放入一个原因来转换）	使用主语“我们”	□对标准（没有建立/建立不合理/监督不到位） □定义不一致 □信息没有告知（明确发出/无误收到） □没有反馈
（放入一个原因来转换）	使用主语“我们”	□没有提供足够（数量/质量高）的材料和用品 □没有提供（可靠/高效率/安全）的设备 □没有提供（足量/日常安排）时间正确地完成工作 □没有提供有效的（物理/管理/情绪）支持环境 □没有提供（管理/专家/同僚）人员支持

续表

最初讨论的原因	转　　换	确定的原因
（放入一个原因来转换）	使用主语"我们"	□没有（提供"软工具"/提供有效的"软工具"/监督不到位） □没有（制定/完善/理解）流程 □没有提供（多样/简单有效）的方法
（放入一个原因来转换）	使用主语"我们"	□没有建立（有竞争性/公平）的薪酬福利体系 □没有建立（奖励公平/发放合理/有效管理）的物质奖励 □没有建立高绩效与高晋升（充分/公平）的关联 □没有建立一致性，即绩效不佳反而会得到（来自管理层/来自同僚/来自客户）的激励
（放入一个原因来转换，如有关数据）	使用主语"我们"	□没有记录 □有记录但没有分析 □有分析但没有用于改进或应用

这个表格从第一层开始讨论，主要分析 BEM 的前三层，最后再关注"数据"因素，从而对关键差距形成的原因进行全面、系统的分析。

2. 其他工具

1）头脑风暴法

在分析原因阶段初期，特别建议使用头脑风暴法进行分析，它可以帮助团队在研讨过程中产生大量的想法。头脑风暴法之所以有效，是因为它可以帮助团队在相对短的时间内产生许多有创造性的想法，同时鼓励团队中的每一个人都积极参与。

假设我们的课题是"人力资源部降低员工流失率从当前 50%到下季度 30%"。通过关键差距分析，最终确定关键差距是"新员工（3 个月内）流失"，然后开始分析原因。在这个阶段，就可以使用头脑风暴法，建议大家使用便利贴或白板记录重点。具体流程如下。

（1）在开始之前，阐述使用头脑风暴法的目的，同时确保团队中的每一个人都清楚地了解课题且对关键差距达成共识。

（2）发布头脑风暴法的规则，建议的规则如下。

① 所有的意见都是有价值的。

② 对提出的意见不予批评。

③ 注重意见的数量而不是质量。

（3）合并背后的意图一样的原因，将合并后的原因用便利贴视觉化地呈现出来，以保证团队成员清楚理解。

（4）使用分析原因画布的研讨框架对分析出的原因进行转换。

（5）确定真正的原因，并保证团队成员清楚理解、达成共识。

虽然头脑风暴法是一种有效的方法，通过它可以罗列出问题产生的各种原因，但是这些结论并不完全是真实的。所以，除使用BEM的转换工具外，我们还需要掌握一定的引导技巧，以保证团队成员都能理解得出的结论。

2）六个盒子

六个盒子在国内已被大量地应用于组织诊断中，成为组织发展的工具之一。六个盒子是由马文·韦斯伯德提出的整体系统模型，借助该模型，从业者能够更直观地了解组织与其所处的瞬息万变的社会技术环境之间的复杂交互作用，也就是组织和社会如何相互影响。六个盒子（目的、结构、关系、奖励、有效机制、领导力）必须从外力（或环境要求）的角度来思考，"瞬息万变的社会技术环境"以外力的方式对六个盒子中的因素造成影响。

在《组织诊断：六个盒子的理论与实践》（马文·韦斯伯德）一书中，阐述了如下两个观点，有助于我们理解六个盒子。

一是该模型主要用于原因分析。

二是六个盒子的具体含义。

（1）目的：我们身处何种业务环境？这要求组织能够分析和阐明其存在的原因。换言之，就是目标阐述的清晰程度和人员对目标的理解和支持程度。

（2）结构：我们如何划分工作？这描述了任务和流程的组织方式。其重点是工作实际完成或尚未完成的方式。组织方式主要有三种：按功能、按产品或综合前两者（矩阵）。

（3）关系：我们如何管理人们之间的关系？这关注的是谁与谁就什么事项进行交际互动，以及这些关系的品质。工作关系有三种：人与人之间的关系、负责不同任务的工作部门之间的关系、人与所采用的技术之间的关系。

（4）奖励：所有需要开展的工作是否都有奖励机制？这是奖励的形式及如何使员工受到激励。

（5）有效机制：我们是否具备充分的协调技术？预算制度及规划和控制机制也属于有效机制。我们必须能够确定这些机制实际作用于哪些方面，从而判断这些机制对组织有何价值。

（6）领导力：是否有人负责保持各个盒子之间的平衡？这是该模型的核心。我们需要有强有力的领导者来持续地评估和平衡其他五个盒子。

分析原因画布的引导技巧

在开始进行原因分析时，需要理解"避免基本归因错误""'责任在我'，而非'责任在你'""管理者是 BEM 中的组织因素，而非个人因素"这三个重要的理念。

1. 避免基本归因错误

在《优势》（帕特里克·兰西奥尼）一书中提到了基本归因错误（Fundamental Attribution Error），意思是人们往往倾向于把他人的不恰当行为归因于其自身因素（如性格、素质等，认为是内部因素造成的），而将自己的不恰当行为归因于环境因素（认为是外部因素造成的）。例如，如果你看到一个爸爸在杂货店里对自己5岁的孩子怒目而视，并且用手指着他的脸，你可能认为这个爸爸脾气暴躁。如果你对自己5岁的孩子怒目而视，并且用手指着他的脸，你可能认为自己的行为是由孩子的任性导致的。

在这种错误的归因中，我们将自己的错误归因于所处环境，却将他人的错误归因于其自身因素，这无疑导致我们发现的原因都不是真正的原因。我们在使用分析原因画布的研讨框架时，总是从BEM的第一层开始分析，这恰恰是在避免基本归因错误。

2. "责任在我"，而非"责任在你"

"责任在你"是把导致关键差距产生的原因归于团队成员、公司或整个社会，也就是自己以外的他人。例如，"在接到客户投诉时，先怀疑下属或主管的应对方式""在没达到业绩目标时，先质疑客户的理解能力"等。而"责任在我"则认为问题是皆因自己的行为或想法导致的，也就是归因于自己身上。同样是上面的案例，"在接到客户投诉时，先检讨自己的应对是否有失礼之处""在没达到业绩目标时，先想想自己有没有做好客户需求调查"等。如果我们把原因都归于他人，就没有办法解决问题，因为只有自己的问题才可控，才能解决。因此，我们要考虑"责任在我"。在这个阶段，可以给团队讲一个故事，来阐述使用这个逻辑的重要性。

有一天，总经理召开全体总监会议，主题是找到今年业绩没有达到期望的结果的原因。

一开始，总经理将目光转向销售总监，问："销售总监，说说为什么业绩没达标？"

销售总监说："我直接一点，没有客户线索。"

于是，大家的目光都转向营销总监。

营销总监说："我们的品牌存在感本来就低，还是负面的，怎么搞营销？"

大家的目光又转向市场总监。

市场总监说："产品口碑确实不好，拖累了品牌！"

大家的目光又转向运营总监。

运营总监说："投诉比客户都多，存量客户都快留不住了，还怎么搞口碑？"

大家的目光又转向客服总监。

客服总监说："系统老宕机，客户肯定投诉。"

大家的目光又转向研发总监。

研发总监说："已经是 996 工作制了，人员还是不够。"

大家的目光又转向人力总监。

人力总监说："编制年初就用完了。"

大家的目光又转向财务总监。

财务总监说："今年是按销售收入做的预算，只能设这么多研发编制，超了就发不出工资了。"

总经理说："那就是大家都没有问题，都是别人的问题了。"

这个故事可以很好地引导大家进行反思，然后抛出"'责任在我'，而非'责任在你'"的理念，让大家先从自己的角度考虑问题，通过运用分析原因画布的研讨框架，最终确定真正的原因。

3. 管理者是 BEM 中的组织因素，而非个人因素

在真实的工作坊研讨中，中层管理者往往在分析原因阶段会有另外一个声音，他们觉得问题都是其领导导致的，这是将自己视为个人因素而非组织因素。这个时候，绩效改进顾问需要特别关注，因为搞不好就变成了一场"吐槽大会"。人性使我们在评价别人的时候往往"一针见血"，在评价自己的时候却"有所保留"。我们需要提醒大家，不管是哪个层级的管理者，都应当是 BEM 中的组织因素，而非个人因素。因为组织内的所有标准、流程、工具、方法等，管理者都会参与制定或完善，只是权限不同罢了。即使管理者不参与组织层面的设计，也会参与自己部门或岗位的设计，这一点非常重要。

回顾本章

接下来用一些简单的回顾性题目结束这一章的内容。请从每一项后面的括号中选出最适合这句话的词语。

（1）根据学者迪恩对 BEM 层级影响的调查统计结果，BEM 第二层对绩效影响的比例是（□6% / □8% / □11% / □14% / □26% / □35%）。

（2）BEM 第一层的关键词是（□清楚有效 / □简单有效 / □整体性和一致性）。

（3）在 BEM 中，层级越高，对绩效的影响（□越大 / □越小），而从改

变的难度来看，层级越高，(□越容易 / □越难) 改变。

(4) 不属于头脑风暴法的规则的是 (□所有的意见都是有价值的 / □对提出的意见不予批评 / □注重意见的质量而不是数量)

(5) 在开始进行原因分析时，特别需要让团队理解的理念之一是 (□ "责任在我" / □ "责任在你")。

1. 答案

请将书倒过来查看答案。

答案：

(1) 26%　　(2) 清楚有效

(3) 越大，越容易　　(4) 注重意见的质量而不是数量

(5) "责任在我"

2. 解释

(1) 根据学者迪恩对 BEM 层级影响的调查统计结果，BEM 第二层对绩效影响的比例是 26%。第一层对绩效影响的比例是 35%，第三层对绩效影响的比例是 14%，第四层对绩效影响的比例是 11%，第五层对绩效影响的比例是 8%，第六层对绩效影响的比例是 6%。组织因素对绩效影响的整体比例是 75%，而个人因素是 25%。所以，我们在分析原因时，无论原因在哪一层，都首先从第一层开始分析，因为第一层对绩效的影响最大。

(2) BEM 第一层的关键词是清楚有效，即无论是标准、信息，还是反馈，都必须定义得清楚有效；第二层的关键词是简单有效，即资源、工具、流程和方法都必须简单有效；第三层的关键词是整体性和一致性。

（3）在 BEM 中，层级越高，对绩效的影响越大，而从改变的难度来看，层级越高，越容易改变。因此，我们应首先关注组织因素，再关注个人因素。这里并不是说个人因素不重要，而是需要在组织因素和个人因素上都使力，才能更好地改善绩效。

（4）不属于头脑风暴法的规则的是“注重意见的质量而不是数量”。事实上，在头脑风暴阶段，注重的是意见的数量而非质量，只有在确定原因阶段，才注重质量而非数量。头脑风暴法的另外两个规则是“所有的意见都是有价值的”“对提出的意见不予批评”。

（5）在开始进行原因分析时，特别需要让团队理解的理念之一是“责任在我”。如果我们把原因都归于他人，就没有办法解决问题，因为只有自己的问题才可控，才能解决。因此，我们要考虑“责任在我”。而这种思维可以帮助我们有效避免基本归因错误，从而找到真正的原因。

第 9 章　使用确定根因画布，确定根本原因

确定根因的核心概念

当我们通过分析原因画布的研讨框架进行研讨后，会发现造成关键差距的原因很多，如果我们一一分析这些原因并找到解决方案，并不符合最优性价比原则，所以我们需要筛选出根本原因。在筛选根本原因时，我们需要了解根因分析的结构，即金字塔结构根因分析，它包括三类原因：表面原因、过渡原因和根本原因，如图 9-1 所示。

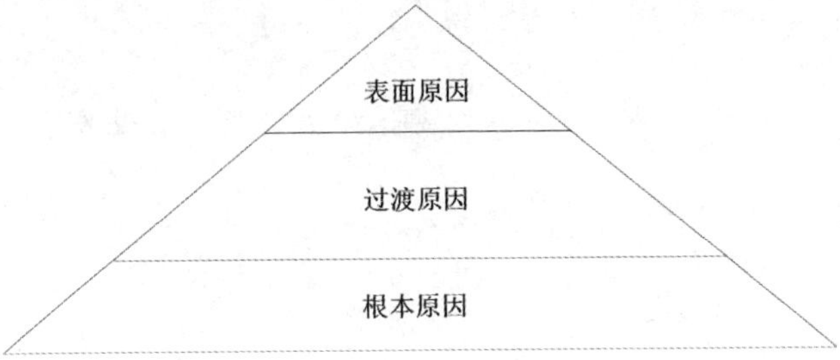

图 9-1　金字塔结构根因分析

1. 表面原因

表面原因是造成关键差距的直接原因（现象）。分析表面原因并找到解决

方案可以快速改善关键差距，但治标不治本。尽管这样，我认为关注表面原因是有意义的。例如，发烧的表面原因是体温上升，这时吃退烧药可以缓解发烧症状而让人变得舒服。但是吃了退烧药不一定能真正解决问题，还需要找到引起发烧的根本原因，这个过程花费的时间会比较长，而人的不舒服会一直持续，先把表面问题解决了，尽管我们知道吃退烧药可能治标不治本，但它会使人感觉舒服一些。这就是关注表面原因的意义所在。

2. 过渡原因

过渡原因是造成关键差距的间接原因。确定过渡原因是不经济的，因为只要确定了根本原因，过渡原因往往就可以确定。分析过渡原因的目的不是找到解决方案，而是识别出根本原因，从而大大提高解决问题的效率。

在一次确定根本原因的过程中，有一个团队研讨的是如何降低试用期员工的流失率。根据 BEM 的原因分析，他们找到了如下 4 个导致关键差距的原因。

（1）我们没有应对试用期员工因家庭原因离职的有效方法。

（2）我们没有应对试用期员工的住址离公司较远的有效办法。

（3）我们没有应对试用期员工因身体原因离职的有效办法。

（4）我们没有清晰的人员招聘标准。

团队成员发现在这 4 个原因中，第 1～3 个原因都是过渡原因，而第 4 个原因是根本原因。如果将人员招聘标准进行修订，避开这 3 个过渡原因，避免将有类似原因的员工招聘进公司，就可以解决这些问题。

3. 根本原因

根本原因（以下简称根因）是造成关键差距的主要原因。它具有隐蔽性，我们无法一眼就能识别出，更多的时候需要抽丝剥茧才能找到。分析根因并找到解决方案既可以治标又可以治本，但需要耗费更多的时间和资源。

在某次工作坊中，一个团队分析出的根因是员工的能力（知识和技能）不足。团队的负责人是这个组织的 CEO，他点点头，说："原来根因是员工的能力不足，看来今年我们需要耗费更多的资源提高员工的能力。"因为我很少遇到这种根因，所以在注意到这个情况后，我就让团队详细介绍了一下他们是如何分析的。在确定根因之前，需要先使用 BEM 进行梳理，但是我发现他们把这一步跳过了，直接根据罗列的原因来确定根因，我立刻意识到这个团队确定的根因可能是一个假根因。于是，我提出了自己的想法："我们在学习 BEM 时，无论遇到哪一层的问题，都应该先从第一层开始分析，大家认为根因是员工的能力不足，但我还是建议先从 BEM 的第一层看起，看看员工的能力不足是不是第一层造成的，如相关的标准不够清楚、不够有效。通过一层一层询问，再用确定根因画布的应用工具进行分析，最后看是否有不同的发现。"我提醒他们，"磨刀不误砍柴工，耐心一点儿。"后来，他们经过一个多小时的梳理，发现根因其实是没有提供有效的工具，而不是员工的能力不足。

因此，我们在使用确定根因画布的应用工具进行分析之前，还需要使用 BEM 对原因进行梳理。实践经验告诉我们，如果梳理后的原因不超过 6 个，则可以针对这些原因直接制订相应的解决方案；如果还想再精简或梳理后的原因超过 6 个，则可以使用确定根因画布的应用工具进行进一步的分析。

确定根因画布的应用工具

1. 主要工具

确定根因画布的应用工具是金字塔结构根因分析的结构化框架，确定根因画布的研讨框架如图 9-2 所示，这是确定根因画布的主要工具。

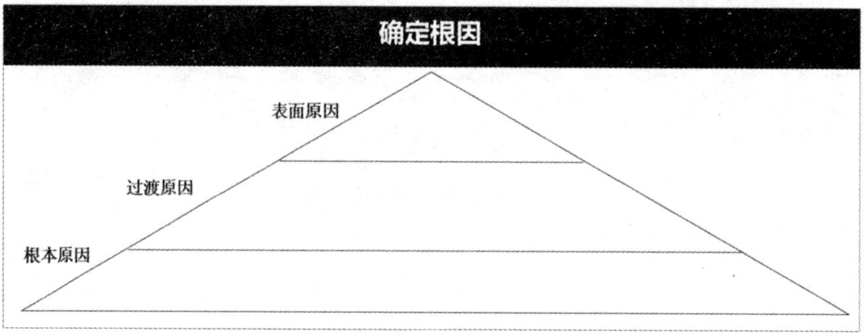

图 9-2　确定根因画布的研讨框架

值得注意的是，使用该框架的前提是，我们已经对关键差距产生的所有原因通过 BEM 进行了梳理。否则，我们需要回到 BEM 的梳理阶段，再使用确定根因画布的研讨框架分析根因。

使用该框架确定根因的步骤如下。

第一步，随机罗列根据 BEM 整理出的真正原因，如表 9-1 所示。

表 9-1　根据 BEM 整理出的真正原因

1. 我们没有建立及时的跨部门反馈要求
2. 我们没有把“奶牛型”客户的标准有效告知
3. 我们没有提供提高客户转化率的方法
4. 我们没有提供有效的收集客户信息的话术
5. 我们没有提供有效的邀约话术
6. 我们没有建立有效的客户反馈机制
7. 我们对工作流程没有监督反馈

第二步，从罗列的第一个原因开始，与下面的原因一一配对比较。如果是因，则使用“-”，如果是果，则使用“+”，即先将原因 1 与原因 2 配对比较，如果原因 1 是因，就在原因 1 的旁边用“-”标记，如果原因 2 是果，就在原因 2 的旁边用“+”标记。照此类推，如果没有因果，则可以不标记。需要注意的是，在原因 1 与其他原因一一配对比较之后，再将原因 2 与后续的原因进行一一配对比较，直到原因 6 和原因 7 也配对比较完成。之后，将“+”和“-”相互抵消，计算有多少个“+”或多少个“-”。原因配对比较后的结果如表 9-2 所示。

表 9-2　原因配对比较后的结果

1．我们没有建立及时的跨部门反馈要求	--++	0
2．我们没有把“奶牛型”客户的标准有效告知	+-++	+2
3．我们没有提供提高客户转化率的方法	--	-2
4．我们没有提供有效的收集客户信息的话术	+++++++	+7
5．我们没有提供有效的邀约话术	+-	0
6．我们没有建立有效的客户反馈机制	----	-4
7．我们对工作流程没有监督反馈	-+++	+2

第三步，将最终汇总的分数除以 2。之所以除以 2，是根据经验总结的，这样更容易区分出根因。我们将除以 2 后的最高分和最低分，作为表面原因、过渡原因和根本原因的分割线。最后，使用金字塔结构根因分析确定最终的根因，如图 9-3 所示。

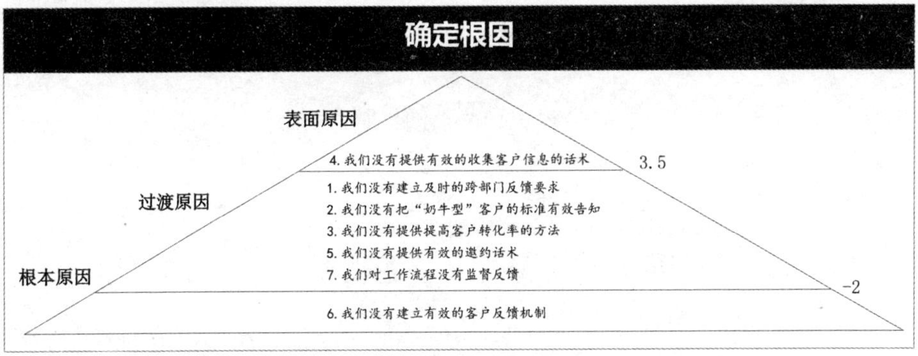

图 9-3　使用金字塔结构根因分析确定最终的根因

根据分析出的根因，我们就可以进一步制订合适的解决方案了。使用金字塔结构根因分析确定根因，其实还有更为复杂的分析方法，我介绍是实践中较为高效的方法。同时，金字塔结构根因分析是一种咨询工具，而非绩效改进独有的工具。这个工具是咨询师们在大量的实践过程中总结出来的，是经验的产物，而非理论的产物。需要注意的是，我们还可以结合其他工具一起确定根因。

2. 其他工具

1）鱼骨图分析

鱼骨图是由日本管理大师石川馨先生设计的，故又名石川图。鱼骨图分析是一种发现问题根因的工具，故又名因果图分析，它特别适合在制造行业内使用，如图 9-4 所示。

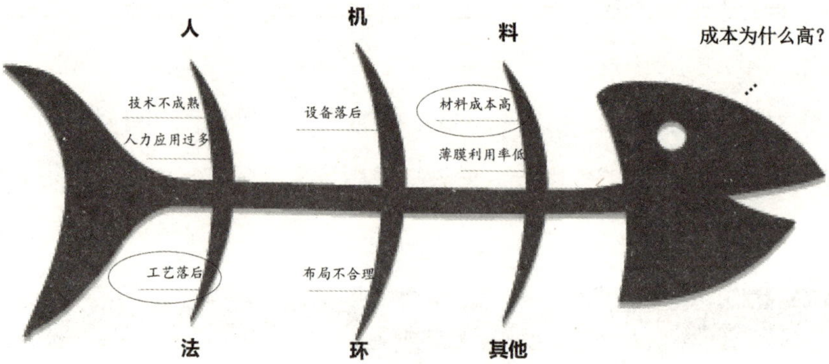

图 9-4　鱼骨图分析

具体的分析步骤为如下。

第一步，针对关键差距，选择层别（如人、机、料、法、环等）。

第二步，用头脑风暴法分别对各层别进行筛选，找出所有可能的原因（因素）。

第三步，将找出的各原因进行归类、整理，明确其从属关系。

第四步，分析并选取重要原因。

第五步，回顾各原因的描述方法，确保语法简明、意思明确。

2）5WHY 分析

5WHY 分析是因果分析方法的一种变异。它可以单独使用，也可以作为如鱼骨图分析这类传统方法的补充。连续提问 5 个“WHY”的目的是挖尽所有的潜在原因，直至挖掘出根因，而实际上这些潜在原因中的多数仅仅是问题表征。这种方法简单有效，使大家可以认真思考所有的潜在原因并进一步深挖根因。

（1）正面示例。

1943 年，美国在华盛顿广场兴建了杰斐逊纪念堂，之后因年久失修，纪念堂表面斑驳陈旧、破损严重，政府非常担心，派专家调查原因。专家使用 5WHY 分析进行了剖析，其结果如表 9-3 所示。

表 9-3　使用 5WHY 分析的结果

“为什么”问题		陈述/回答
“杰斐逊纪念堂墙面破损情况很严重”		“经常用化学清洗剂进行清洗”
“为什么经常用化学清洗剂进行清洗”	第 1 个为什么	“为了清除大量的鸟粪”
“为什么有大量的鸟粪”	第 2 个为什么	“因为周围聚集了大量的鸟”
“为什么周围聚集了大量的鸟”	第 3 个为什么	“因为周围有很多蜘蛛，鸟喜欢吃蜘蛛”
“为什么周围有很多蜘蛛”	第 4 个为什么	“因为有很多小昆虫，蜘蛛喜欢吃昆虫”
“为什么有很多小昆虫”	第 5 个为什么	“因为小昆虫被纪念堂里的灯光所吸引”

这是一个很经典的案例，最终的解决方案是“拉上窗帘”，既简单又可以解决根本问题。

（2）反面示例。

不恰当的提问也可能适得其反，使用 5WHY 分析的反面示例如表 9-4 所示。

表 9-4 使用 5WHY 分析的反面示例

“为什么”问题		陈述/回答
“为什么摔跤”	第 1 个为什么	“因为地面滑”
“为什么地面滑”	第 2 个为什么	“因为地面有水”
“为什么地面有水”	第 3 个为什么	“因为喝水的时候水洒了”
“为什么水洒了”	第 4 个为什么	“因为纸杯掉地上了”
“为什么纸杯掉地上了”	第 5 个为什么	“因为没有杯托”
“为什么没有杯托”	第 6 个为什么	“因为行政秘书休息了没拿出来”
“为什么行政秘书休息了”	第 7 个为什么	“因为行政秘书感冒了”
更多的“为什么”问题		更多的陈述/回答

当我们使用 5 个“WHY”进行原因分析时，如果我们认为“责任在他”或找借口，分析的方向就会跑偏，从而发现不了真正的根因。反面示例的第 5 个原因，如果转换为自身的原因，如“缺少防范的方法”，就可以解决这个问题。因为这是“责任在我”，而非“责任在他”。

确定根因画布的引导技巧

确定根因画布的主要工具是金字塔结构根因分析，这是一种配对比较的定量分析的方法。我们在确定了最终的根因之后，还需要使用定性分析的方法进行描述，以使大家充分地理解最终确定的根因。在使用确定根因画布确定根因时，我特别建议使用根本原因分析表进行引导和讨论，如表 9-5 所示。

表 9-5　根本原因分析表

关键差距	客户转化率
差距区间	30% ~ 50%
表面原因	我们没有提供有效的收集客户信息的话术
根本原因	我们没有建立有效的客户反馈机制

根因原因分析表可以帮助我们厘清最终确定的根因，并与关键差距关联起来，从而很好地体现我们思考的逻辑和分析的过程。因此，它是我在实践中经常使用的引导工具之一。

回顾本章

接下来用一些简单的回顾性题目结束这一章的内容。请从每一项后面的括号中选出最适合这句话的词语。

（1）BEM 分析出的是（□真正原因 / □根本原因）。

（2）（□表面原因 / □过渡原因 / □根本原因）是造成关键差距的间接原因。确定它是不经济的，因为只要确定了（□表面原因 / □过渡原因 / □根本原因），它往往就可以确定。

（3）（□表面原因 / □过渡原因 / □根本原因）是造成关键差距的直接原因（现象）。分析它并找到解决方案治标不治本，但关注它是（□有 / □没有）意义的。

（4）5WHY 分析是因果分析方法的一种变异。它（□可以 / □不可以）单独使用，也可以作为如鱼骨图分析这类传统方法的补充。

（5）鱼骨图分析是一种发现问题根因的工具，故又名因果图分析，它特别适合在（□制造行业 / □互联网行业）内使用。

1. 答案

请将书倒过来查看答案。

> **答案：**
> （1）真正原因　　（2）过渡原因；根本原因
> （3）表面原因；有　　（4）可以
> （5）制造行业

2. 解释

（1）BEM 分析出的是真正原因，而不一定是根本原因。实践经验告诉我们，如果梳理后的原因不超过 6 个，则可以针对这些原因直接制订相应的解决方案；如果还想再精简或梳理后的原因超过 6 个，则可以使用确定根因画布的应用工具进行进一步的分析。

（2）过渡原因是造成关键差距的间接原因。确定它是不经济的，因为只要确定了根本原因，它往往就可以确定。分析过渡原因的目的不是找到解决方案，而是识别出根本原因，从而大大提高解决问题的效率。

（3）表面原因是造成关键差距的直接原因（现象）。分析它并找到解决方案治标不治本，但关注它是有意义的。

（4）5WHY 分析是因果分析方法的一种变异。它可以单独使用，也可以作为如鱼骨图分析这类传统方法的补充。

（5）鱼骨图是由日本管理大师石川馨先生设计的，故又名石川图。鱼骨图分析是一种发现问题根因的工具，故又名因果图分析，它特别适合在制造行业内使用。

第5篇

确定方案

整体大于部分之和。

——亚里士多德

第 10 章　使用确定方案画布，确定解决方案

确定方案的核心概念

在本书中，我将解决方案等同于干预措施（绩效改进中的专业术语），即我们不仅解决当下存在的问题，也对潜在的风险进行提前干预。确定方案是为了改进绩效而采取的有意识的行动，它既可能是单一式的行动，也可能是组合式的行动。

绩效改进商业画布在确定方案模块包括四个步骤，这四个步骤可以让几乎所有的组织实现其有意义的目标。前三个步骤在确定方案画布中，最后一个步骤在推进任务画布中，有关推进任务画布的内容我将在下一章予以详细阐述。确定方案的四个步骤如图 10-1 所示。

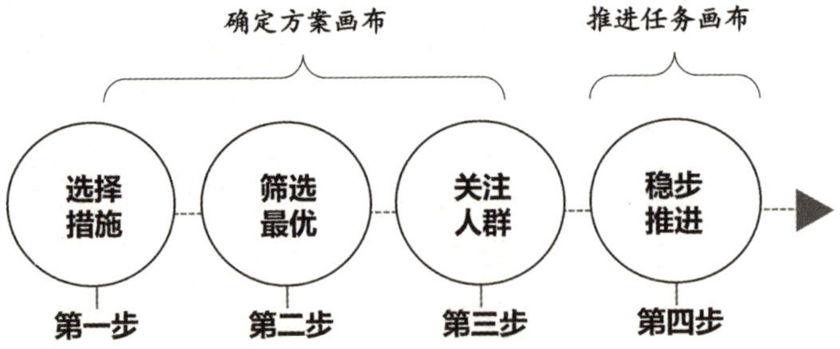

图 10-1　确定方案的四个步骤

以上四个步骤是通过实践总结而来的。每个组织都是独一无二的，每个绩效问题的解决都需要开展一系列不同的绩效改进活动，从而实现组织目标。因此，没有任何一个绩效改进的单一措施或组合措施可以适合每个组织或个人，我们需要根据这四个步骤，不断地分析、推演和复盘，以找到适合自己组织的、更具性价比的解决方案。

1．选择措施

在绩效改进领域，有关解决方案的书籍非常多，可以用浩如烟海来形容。我写作本书的初心是给大家介绍简单、实用、系统的内容，而非提供一本大而全的百科全书。因此，在确定方案部分，我将进行一个概要性的介绍，使大家对此有一个宏观的了解。

作为一名绩效改进顾问，哈奇森、斯坦和卡尔顿均开展过广泛的研究，他们认为绩效改进顾问在解决方案方面，应具备以下能力。

（1）在多种类别中，熟练掌握 15 ~ 25 种解决方案。

（2）在多种类别中，具备 45 ~ 75 种解决方案的工作知识。

（3）了解一半以上解决方案的基本原理或原则，并知道如何联系专家或获取相关解决方案的资源。

尽管这些要求有一点“苛刻”，但我们掌握有关解决方案的内容还是有必要的。本章主要介绍《绩效改进基础》（第 3 版）中八种类别的解决方案和《ISPI 绩效改进指南》（第 2 卷）中有关绩效金字塔解决方案的相关内容。

1）八种类别的解决方案（98 种）

《绩效改进基础》（第 3 版）一书对八种类别的解决方案进行了非常详细的阐述，如图 10-2 所示。

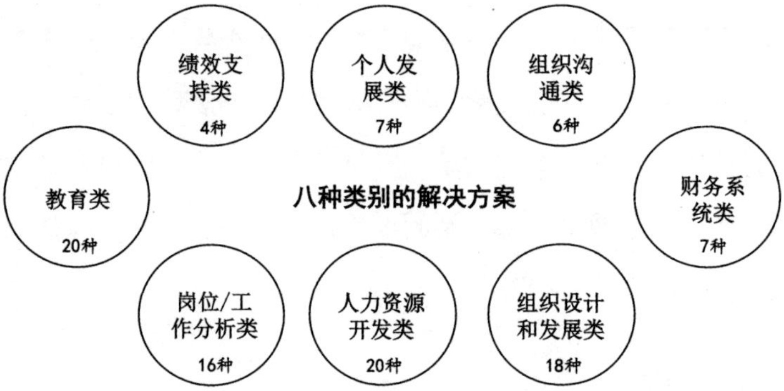

图 10-2　八种类别的解决方案

第一类是教育类解决方案，一共 20 种，包括知识管理、组织性学习、学习管理系统、内容管理系统、教育/培训、自主学习、在职学习、及时学习、行动学习、混合式学习、技术或非技术学习、社会学习、互动式学习技术、组织学习、课堂学习、远程/分布式学习、在线/电子学习、利用维基学习、利用虚拟图像学习、游戏/模拟。

第二类是绩效支持类解决方案，一共 4 种，包括绩效支持工具（PST）或工作辅助、文件编制和标准、电子绩效支持系统、专家系统。

第三类是岗位/工作分析类解决方案，一共 16 种。其中，岗位分析有 2 种，包括岗位描述和岗位要求；工作设计有 5 种，包括岗位设计、工作扩大化、岗位轮换、工作丰富化和再造重组；人力因素有 4 种，包括工效学、安全工程、安全管理和绿色工作场所；质量改进有 5 种，包括全面质量管理（TQM）、持续改进、预防性维护（PM）、六西格玛和精益组织。

第四类是个人发展类解决方案，一共 7 种，包括反馈、教练、指导、情商、社会智商、文化智商和专业实践社区。

第五类是人力资源开发类解决方案，一共 20 种。其中，人才管理有 7 种，包括员工配置、员工关系、员工保留、薪酬/福利、健康与保健、退休规划和劳动关系；个人发展有 7 种，包括动机、绩效管理、关键绩效指标（KPI）、绩效评估、360 度评估、能力和能力测试；组织发展有 6 种，包括继任计划、职业发展通道、领导力发展、高端人才发展、管理能力发展和督导能力发展。

第六类是组织沟通类解决方案，一共 6 种，包括通信网络、信息系统、建议系统、申诉系统、争端解决和社会媒体。

第七类是组织设计和发展类解决方案，一共 18 种。其中，授权有 3 种，包括团队策略、虚拟团队和解决问题；组织前瞻性行为有 7 种，包括战略规划、环境扫描、欣赏式探寻、外包、标杆管理、平衡计分卡和"仪表盘"；组织价值有 8 种，包括文化、多样性、包容策略、全球化、本土化、社会责任、道德标准和决策。

第八类是财务系统类解决方案，一共 7 种，包括公开账簿管理、利润与成本中心、财务预测、资本投资与支出、现金流分析、现金流预测和兼并收购。

以上的八种类别共 98 种解决方案，大家感受如何呢？绩效改进是一个庞大的系统，不仅包括人力资源类的解决方案，如绩效管理，还包括组织发展类的解决方案。可以说，这八种类别的解决方案几乎涵盖了组织绩效改进的方方面面。

2）绩效金字塔解决方案（26 种）

国际绩效改进协会在其《ISPI 绩效改进指南》（第 2 卷）的绩效干预措施中，使用了绩效金字塔模型作为框架，一共 26 种解决方案。绩效金字塔解决方案如图 10-3 所示。

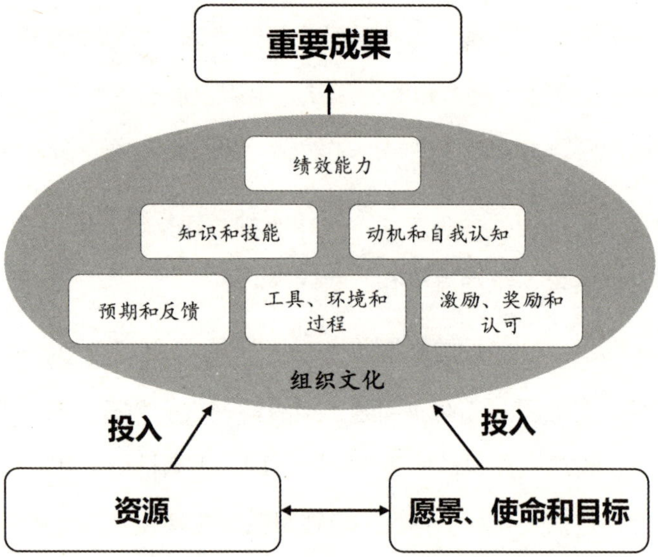

图 10-3　绩效金字塔解决方案

绩效金字塔模型中一共包括如下 26 种解决方案。

（1）愿景、使命和目标类解决方案有 3 种，包括未来探索、SWOT 分析和欣赏式探询（AI）。

（2）资源类解决方案有 1 种，即组织重组。

（3）预期和反馈类解决方案有 5 种，包括实际工作预览、360 度反馈、绩效测量、管理教练和绩效管理系统。

（4）工具、环境和过程类解决方案有 5 种，包括电子绩效支持系统、绩效辅助、知识管理、变革准备量规和流程改进。

（5）激励、奖励和认可类解决方案有 3 种，包括激励系统、正强化及激励系统、设计薪酬包。

（6）动机和自我认知类解决方案有 3 种，包括动机式沟通、职业导师和工作形塑。

（7）知识和技能类解决方案有 4 种，包括电子化学习、跨学科团队学习、导师制和高管领导力教练。

（8）绩效能力类解决方案有 2 种，包括外包和继任规划与管理。

以上是我对解决方案的内容进行的概要性的描述。在实际工作中，我们同业务专家们共同分析并确定根因后，往往解决方案就“呼之欲出”了。因此，在罗列完解决方案后，更为重要的是筛选最优的解决方案。

2. 筛选最优

这一步的目的是从众多的解决方案中找出最优的解决方案，并在最终选择的解决方案中排列实施的优先顺序。可用于筛选的评价维度非常多，我通常使用必要性、经济性、可行性和接受度这四个评价维度对可能的解决方案进行筛选。在真实的场景中，如果团队认为还有更为重要的评价维度，如风险性等，也可以在现实中使用。

（1）必要性是指在解决方案可能的选择中，为了达到完成课题目标的目的，这个解决方案的必要性有多大，如果不用这个解决方案，是否会对课题产生影响等。

（2）经济性是指如果采用这个解决方案，所需要的成本是多少。成本不仅包括直接成本，如经费等，还包括间接成本，如投入的时间等。高额的成本投入当然不是我们首要的选择。

（3）可行性是指在实施过程中，考虑管理层是否支持，员工是否愿意执行、是否有足够的时间完成、是否有相关的组织资源支持、是否有能力完成。可行性是非常重要的一个评价维度，如果不可行，再好的解决方案也不过是“纸上谈兵”罢了。

（4）接受度是指解决方案与实际的组织文化或组织管理风格是否一致，组织层面的接受度如何；在实施过程中，品牌形象是否冲突；预估目标群体的接受度如何，是否会引起强烈的抵触或抗拒等。

根据每个解决方案在这四个评价维度上的评分，将所有解决方案的得分汇总排序之后，就可以筛选出最优的解决方案。

3. 关注人群

绩效改进本质上是一种变革，面对变革，人的本能是抗拒的。因此，在确定解决方案之后、推进任务之前，我们需要对涉及实施的相关人群予以关注。据统计，超过一半的重要变革项目难以达到预期的效果，关键原因是，在变革过程中变革主导者对被变革群体可能产生的抗拒行为预估不足，缺乏有效的方法应对抗拒。

在《遇墙皆是门：超越变革的阻力》（里克·莫瑞儿）一书中，特别强调与抗拒者共舞，设法将抗拒带来的负能量转化为正能量。各种抗拒有公开的，也有伪装的，面对或明或暗的抗拒，首先需要识别抗拒的程度。

（1）一级抗拒：我不知道（我对它不了解）。

（2）二级抗拒：我不喜欢它（我不喜欢这个方案）。

（3）三级抗拒：我不喜欢你（我不信任推动方案的人）。

在此过程中，这三层级抗拒的程度会越来越强，我们需要将不同抗拒程度的人识别出来，并有针对性地采取措施。不同抗拒程度采取的建议措施如表 10-1 所示。

表 10-1　不同抗拒程度采取的建议措施

抗 拒 程 度	建 议 措 施
一级抗拒（我不知道）	1．用一个声音说话 2．用抗拒者听得懂的方式，杜绝用那些听不懂的术语 3．及时奖励 4．以坚定的态度不断地说、不断地重复
二级抗拒（我不喜欢它）	1．鼓励抗拒者把顾虑说出来 2．隔离：将难以调和的抗拒者隔离出变革系统 3．规划小胜利 4．高层表达决心 5．反思计划有待完善的地方
三级抗拒（我不喜欢你）	1．勇敢地面对这种不信任，与抗拒者坦诚沟通 2．有针对性地理顺过往私人过节 3．联合在组织内有威望的人 4．因人而异地制订变革计划

针对不同程度的抗拒者，采取有针对性的措施，可以将抗拒带来的负能量转化为正能量，从而为接下来的任务推进打下坚实的基础。

另外，在《行为设计学：零成本改变》（奇普·希思等）一书中提到的改变三步曲也可以与三层级抗拒的逻辑相结合，针对不同程度的抗拒者给予简单有效的建议措施，如图 10-4 所示。

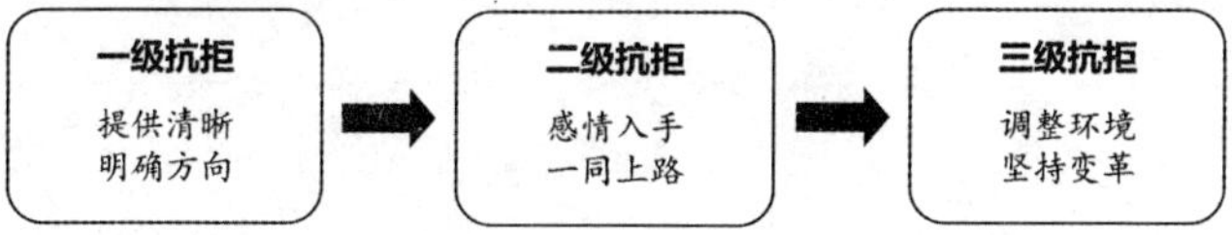

图 10-4　改变三步曲

对于一级抗拒，抗拒者看似抗拒，实则是其方向不明。因此，在这个阶段，我们需要提供清晰、明确的方向，从而打消大家的疑虑。当清晰、明确的方向反而增强了抗拒，就变成了二级抗拒，这时我们需要从感情入手，与大家多沟通。如果二级抗拒进一步变为三级抗拒，我们就需要调整环境，甚至调整人员，因人而异地制定策略，并坚持变革。

4. 稳步推进

稳步推进的工作主要是将解决方案进行进一步的任务分解，确定责任人、时间节点等，并通过任务甘特图进行视觉化的表达。关于稳定推进的内容，我将在第 11 章中予以详细阐述。

确定方案画布的应用工具

1. 主要工具

确定方案画布的应用工具是解决方案优选矩阵的结构化框架，确定方案画布的研讨框架如图 10-5 所示，这是确定方案画布的主要工具。

确定方案

可能的解决方案	甄选标准				加总	名次
	必要性（×3）	经济性（×3）	可行性（×3）	接受度（×1）		

图 10-5　确定方案画布的研讨框架

我们首先需要讨论可能的解决方案。需要注意的是，应当与业务专家一起研讨这些方案，而不是自己凭空想象，否则即使我们确定了可能的解决方案，也会被业务部门认为是“指手画脚”，所以“RSVP+”原则特别重要。同时，可能的解决方案应当是基于原因分析而来的，特别是根本原因。这个阶段特别容易出现“想当然”的情况，不关注原因而直接跳到解决方案，这是我们需要警惕的。

在讨论完可能的解决方案之后，可以把这些方案写在解决方案优选矩阵中相对应的方框内。需要注意的是，如果可能的解决方案非常多，通常超过 4 个，就需要使用解决方案优选矩阵进行筛选和排序。

在设计打分的标准时，我的建议为：4 分=可以采用，不会有问题；3 分=可以尝试，应该问题不大；2 分=不算很好，可能比较艰难；1 分=难度很大，尽量别选；0 分=毫无疑问，无法操作。

最后，就可以进行正式的筛选了。解决方案优选矩阵如表 10-2 所示。

表 10-2　解决方案优选矩阵

可能的解决方案	甄选标准（分）				加总（分）	名次
	必要性（×3）	经济性（×3）	可行性（×3）	接受度（×1）		
方案 A	4	4	3	2	35	2
方案 B	3	3	4	4	34	3
方案 C	4	0	4	4	28	
方案 D	4	3	4	4	37	1
方案 E	4	0	4	4	28	

由表 10-2 可知，我们需要注意以下几点。

（1）只要在打分表中出现了一个 0 分，对应的解决方案就不能被选择，因为这意味着该解决方案无法实施。所以，我们甄选出的解决方案必须是全部符合甄选标准的，哪怕每个标准的符合程度都只有 1 分。所以，上表最终选择出的解决方案有三个，优先顺序为方案 D、方案 A 和方案 B。

（2）可以给甄选标准的每一个评价维度中加入不同的权重系数，以使最终的评分更易于区别。表 10-2 在必要性、经济性和可行性上都给了比较高的权重系数 3，而在接受度上给了比较低的权重系数 1。这个案例是真实的案例，这与该组织的组织文化和管理风格有比较大的关系。我们也可以根据真实的情况，为这四个评价维度赋予不同的权重系数，关键是研讨团队要一致认可。具体的权重系数是多少，没有标准的答案。

（3）选择出的解决方案必须是自己可控的解决方案，而不是向其他部门提出一个自己认为对的解决方案。这就需要我们不断沟通，特别是与实施的团队协商，尽可能减少在实施过程中的阻力。值得一提的是，最终选择出的解决方案并不是越多越好，如果用单一的解决方案就可以解决问题那就更好了，“花小钱办大事”一直是我们所追求的。

我曾经参与过一次高层的项目会议，高管们提出了提高集团执行力的专项行动，让大家据此提出可能的解决方案。经过 3 个多小时的研讨，他们最终确定的解决方案如下。

（1）开展一次全员的执行力课程培训（预算 30 万元）。

（2）更换系统供应商，重新设计系统（预算 60 万元）。

（3）提高执行力的 KPI 权重，并纳入绩效考核。

（4）制定执行力文化手册，培养 20 名宣传大使，进行全员宣讲（预算 10 万元）。

这一揽子的解决方案即使不计算所花的时间成本，也需要 100 万元的预算。基于绩效改进顾问的本能，我开始思考用如此高的代价是否能真正解决组织层面的执行力问题。最重要的是，整个过程我没有听到导致执行力低的根本原因是什么。于是，我请求大家能否给我一个小时的时间，回到问题本身，寻找根本原因，再回头看一下提出的解决方案是否可行。通过我的引导，大家使用 BEM 和金字塔结构根因分析，最终确定的根本原因只有一个：集团对提交数据的标准要求不明确，大家按照自己理解的标准提交，然后交总裁办统一审核和修订后再执行。此时，与会的高管们才恍然大悟，发现原来的解决方案不仅用了更多的资源，而且不一定能从根源上解决问题。这个会议最后的议题变成了如何统一提交数据的标准。后来，他们取消了提高执行力的专项行动，而执行力却得到了大大的提高。

在确定方案的过程中，最重要的是找到合适的解决方案，这需要根据绩效改进商业画布的逻辑分析。所谓“磨刀不误砍柴工”，我们选择的解决方案是否符合最优原则，关键不在于解决方案的选择，而在于前期的分析是否找到了真正的问题、确定了关键差距、分析出真正原因。如果没有按照这个逻辑选择解决方案，就有可能“花大钱办小事”，这在竞争如此激烈的环境中，无疑是一种隐形的“犯罪”。所以，一切皆分析。

2. 其他工具

当我们使用评分的方式，发现最终的汇总评分的差距并不大，从而陷入无法抉择的境地时，可以使用强制排序法进行解决方案的优选。解决方案优选矩阵的框架不变，仅仅对评分规则进行了改变。我们仍然使用表 10-2 的例子，使用强制排序法优选解决方案如表 10-3 所示。

表 10-3　使用强制排序法优选解决方案

可能的解决方案	甄选标准（分）				加总（分）	名次
	必要性（×3）	经济性（×3）	可行性（×3）	接受度（×1）		
方案 A	5	4	4	4	43	1
方案 B	4	3	5	5	41	2
方案 C	3	2	3	3	27	3
方案 D	1	5	2	1	25	4
方案 E	2	1	1	2	14	5

使用强制排序法的优点是可以明显地区分出可能的解决方案的优先顺序，方便我们快速地选择解决方案。其不足是没有考虑到打 0 分的情况（总

分都够，但不能作为选择的解决方案），具有一定的风险性。解决的方法是结合两种优选矩阵，优先使用表 10-2 的方式。如果难以区分，可以先排除 0 分的情况，再使用强制排序法进行优选。

确定方案画布的引导技巧

在确定方案的过程中，可以使用两个引导技巧让这个模块的研讨更为高效：一个是引导大家找亮点，另一个是使用可行方案陈述表进行定性描述。

1. 引导大家找亮点

我通常喜欢通过讲述一个真实的故事，来引导大家罗列可能的解决方案。即使大家有明确的解决方案，也可以通过这个故事来反思，从而提出更有效的解决方案。而在不知如何罗列可能的解决方案时，这个故事更容易带给大家启发。

另外，这个故事可以帮助大家在罗列可能的解决方案时，通过找亮点的方式提供好的思路。所谓亮点，是从他人的成功经验中得到的，值得他人效仿的成功做法。“绩效改进之父”托马斯·吉尔伯特认为，价值在于成功之中。我们可以通过别人的成功来萃取经验，从而使我们少走弯路、快乐进步。这个故事是关于解决越南儿童营养不良问题的故事，我们来看一下主人公斯特宁是如何帮助越南政府解决儿童长期营养不良问题的。

以往，越南政府邀请的专家们提出，要想解决越南儿童营养不良的问题，就需要先消灭贫困、净化饮用水、建立卫生系统。对于当时的越南政府而言，解决营养不良的问题遥遥无期。而斯特宁只用了 6 个月的时间，在资金并不充足的情况下就帮助越南政府解决了大部分问题。解决的关键是找亮点。

斯特宁四处拜访农村，调查情况。他认为那些营养不良的孩子的家庭（一般家庭）没什么好调查的，而在那些家里非常穷又没有特殊渠道获得额外粮食的家庭中，那些孩子比一般孩子长得更高、更壮、更健康的家庭（亮点家庭）才值得研究。经过调查，他发现，一般家庭与亮点家庭：

（1）喂养的频次不同。当地的饮食习惯是，孩子和家人一样一天吃两次饭；而亮点家庭一天给孩子喂 4 次饭（每日进食总量和其他孩子一样，只不过分 4 次吃）。

（2）喂养的方式不同。一般家庭由孩子自己决定吃多少，父母是被动的；而亮点家庭喂养孩子的方式要积极得多，必要时父母还亲自喂孩子吃饭。

（3）喂养的品种不同。一般家庭的食物单一，主要是大米；而由于普遍缺少粮食，亮点家庭会从稻田里捉一些小虾、小蟹，掺在孩子的米饭里。当地人一般认为，虾蟹是大人吃的食物，不适合拿来喂孩子。亮点家庭的妈妈还在米饭里加入甘薯叶，这种绿叶通常被视为“下等食材”，但其实这种杂食为孩子补充了饮食中严重缺乏的蛋白质和维生素。

通过调查，斯特宁发现，加入可以容易获得且几乎没有什么成本的田间虾蟹和甘薯叶可以大大改善儿童营养不良的问题。于是，为了让孩子们喜欢吃这种“杂粮”，斯特宁与亮点家庭的妈妈们组建了烹饪小组，研究如何用田间虾蟹和甘薯叶做出可口的饭菜。通过应用亮点家庭的成功经验，在斯特宁抵达越南村庄的 6 个月之后，当地 65%的儿童的营养状况得到了改善，并且继续保持了下去。后来，埃默里大学公共卫生学院的研究人员来到越南收集其他数据，发现即使在斯特宁离开后才出生的孩子，其健康状况也和直接受到斯特宁帮助的孩子相当。由此证明，这项改变的确能持久下去，而非昙花一现。

斯特宁的成功经验逐渐推广开来，并成为教育村民大幅改善儿童营养不良问题的典范。

没有什么比这样的故事更容易打动人，也更容易引起大家的反思了。斯特宁面对手头拮据的不利状况，依然在营养不良的问题上打了漂亮的一仗。而这本身就是绩效改进的思维，代价低、成效大。更令人叹服的是，真正解决问题的并不是这些专家们，而是亮点家庭。所有人一开始都不知道该如何解决，幸运的是，他们并没有直接跳到解决方案，而是一步步地分析，从亮点中找到了最优解决方案。

2. 使用可行方案陈述表进行定性描述

如果时间充足，我特别建议大家使用可行方案陈述表对罗列的可能的解决方案进行定性描述，这样可以更好地帮助大家理解解决方案的方向和思路，厘清各类疑问，提高解决方案的清晰度，从而为推进任务奠定基础。可行方案陈述表的结构非常简单，如表 10-4 所示。

表 10-4　可行方案陈述表

原　　因	解 决 方 案	具 体 描 述
提交数据标准不统一	制定统一的提交数据标准	数据提交模板化，帮助大家提高效率

表 10-4 通过一个小的示例，来展示如何应用可行方案陈述表。通过可行方案陈述表的描述，我们可以非常清晰地看到罗列的可能的解决方案的分析思路，也更容易达成共识。

回顾本章

接下来用一些简单的回顾性题目结束这一章的内容。请从每一项后面的括号中选出最适合这句话的词语。

（1）在本书中，解决方案与干预措施的概念是（□相同的 / □不同的）。

（2）哈奇森、斯坦和卡尔顿均开展过广泛的研究，他们认为绩效改进顾问在解决方案方面，应熟练掌握（□15 ~ 25 种解决方案 / □45 ~ 75 种解决方案）。尽管这些要求有一点“苛刻”，但我们掌握有关解决方案的内容还是有必要的。

（3）通常使用必要性、经济性、可行性和接受度这四个评价维度对可能的解决方案进行筛选。其中，在实施过程中，考虑管理层是否支持，员工是否愿意执行、是否有足够的时间完成、是否有相关的组织资源支持、是否有能力完成，是（□必要性 / □经济性 / □可行性 / □接受度）评价维度。

（4）关注人群的重点是关注在实施过程中大家对变革的抗拒程度，其中“我不喜欢你”属于（□一级抗拒 / □二级抗拒 / □三级抗拒）。

（5）亮点是从他人的（□成功 / □失败）经验中得到的。

1．答案

请将书倒过来查看答案。

答案：
（1）相同的
（2）15 ~ 25 种解决方案
（3）可行性
（4）三级抗拒
（5）成功

2．解释

（1）在本书中，解决方案与干预措施的概念是相同的，即我们不仅解决当下存在的问题，也对潜在的风险进行提前干预。确定方案是为了改进绩效而采取的有意识的行动，它既可能是单一式的行动，也可能是组合式的行动。

（2）哈奇森、斯坦和卡尔顿均开展过广泛的研究，他们认为绩效改进顾问在解决方案方面，应熟练掌 15 ~ 25 种解决方案，具备 45 ~ 75 种解决方案的工作知识，了解一半以上解决方案的基本原理或原则，并知道如何联系专家或获取相关解决方案的资源。尽管这些要求有一点“苛刻”，但我们掌握有关解决方案的内容还是有必要的。

（3）通常使用必要性、经济性、可行性和接受度这四个评价维度对可能的解决方案进行筛选。其中，在实施过程中，考虑管理层是否支持，员工是否愿意执行、是否有足够的时间完成、是否有相关的组织资源支持、是否有能力完成，是可行性评价维度。必要性是指在解决方案可能的选择中，为了达到完成课题目标的目的，这个解决方案的必要性有多大，如果不用这个解决方案，是否会对课题产生影响等。经济性是指如果采用这个解决方案，所需要的成本是多少。成本不仅包括直接成本，如经费等，还包括间接成本，如投入的时间等。高额的成本投入当然不是我们首要的选择。接受度是指解决方案与实际的组织文化或组织管理风格是否一致，组织层面的接受度如何；在实施过程中，品牌形象是否冲突；预估目标群体的接受度如何，是否会引起强烈的抵触或抗拒等。

（4）关注人群的重点是关注在实施过程中大家对变革的抗拒程度，其中“我不喜欢你”属于三级抗拒，也就是最强的抗拒。一级抗拒是“我不知道”，二级抗拒是“我不喜欢它”。

（5）亮点是从他人的成功经验中得到的，值得他人效仿的成功做法。“绩效改进之父”托马斯·吉尔伯特认为，价值在于成功之中。我们可以通过别人的成功来萃取经验，从而使我们少走弯路、快乐进步。

第 11 章　使用推进任务画布，有序推进

推进任务的核心概念

推进任务的核心概念是对解决方案进行任务分解。

为了推进解决方案，我们需要将解决方案进一步细化和分解。以减肥为例，假设我们的业务目标是漂亮，通过绩效目标减肥可以达到漂亮的目的。经过分析，我们制订的解决方案是通过运动来减肥，那么如何运动则需要我们制订详细的任务计划。解决方案的任务分解示例如图 11-1 所示。

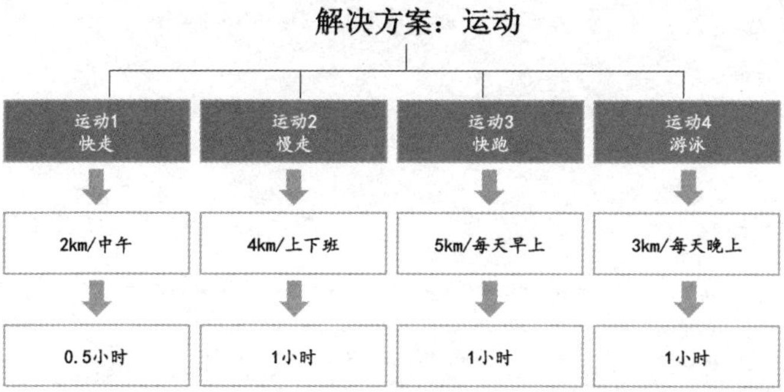

图 11-1　解决方案的任务分解示例

图 11-1 的任务分解的细分结构可以帮助大家理解解决方案和任务分解之

间的关系，但这个任务分解的细分结构还远远不够，如谁来监督执行这个计划、下雨天有没有备选计划、每一项运动对于着装是否有不同的要求等都应有所涉及。因此，任务分解是相对专业的工作，我们需要掌握基本的知识和技巧。

我们可以借鉴项目管理中有关 WBS 的技巧，把我们确定的解决方案分解成较小且更易于管理的任务。接下来做一个小测试，以帮助大家理解这个概念。

假设你需要描述一只完整的大象，如图 11-2 所示，你将如何描述？请在你认为正确的答案前的方框内打钩。

图 11-2　一只完整的大象

□大象包括象鼻、象牙、耳朵、眼睛、腿、身体和尾巴

□大象包括头部、象牙、耳朵、身体、四肢和尾巴

□其他____________________________

请将书倒过来查看答案。

答案：

应当选其他。第一个选项里有遗漏，如果按照这种细分结构，脸就遗漏了。而第二个选项的细分结构没有遗漏，但有重复，如头部包含耳朵等。

你回答得如何呢？完整的大象包括四个部分：头部、身体、四肢和尾巴。在确保这四个部分加起来是一只完整的大象的前提下，我们还可以对这四个部分进行进一步的描述。例如，头部包括脸、眼睛、耳朵、象牙、象鼻等。以上描述的过程是有规律可循的，即符合 MECE 原则。

MECE 原则即“没有遗漏，没有重复”，图 11-3 所示为 MECE 原则的视觉概念，它可以帮助我们理解 MECE 原则的概念。

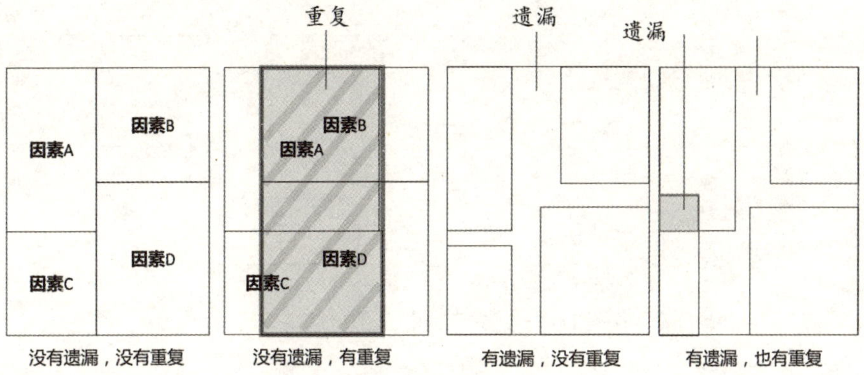

图 11-3　MECE 原则的视觉概念

图 11-3 的最左边是“没有遗漏，没有重复”的状态，而右边的三个图则是出现了遗漏或重复。如果出现遗漏，就可能在对问题掌握不够的状态下做出决定，或者把时间耗费在不必要的分析或讨论上，导致成本增加。因此，在进行任务分解时，请随时提醒自己必须做到“没有遗漏，没有重复”，特别是遗漏。一旦在某个步骤出现遗漏，很可能在毫无察觉的情况下继续前行，因此大家需要特别注意。

接下来做一个小练习，来判断你是否理解了如何进行任务分解。

假设我们的解决方案是需要建造一个能停放一辆车的车库，并美化周边的场地，车库内外都应该有灯，还有水管。经过讨论，我们将建造车库的任务进行了分解，但没有分解完全，需要聪明的你帮忙完善。我们通过头脑风暴，把所有的相关任务都罗列了出来，你需要将相关任务的序号填入分解任务空白的方框内。建立车库的任务分解练习如图 11-4 所示。

①墙体；②车道；③施工计划；④美化场地；⑤项目管理；⑥美化；⑦屋顶

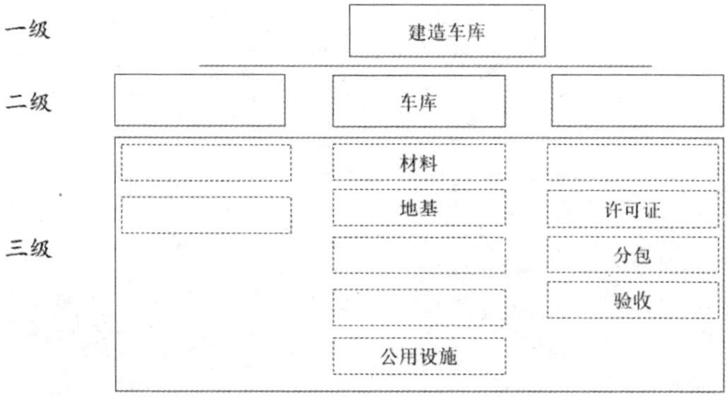

图 11-4　建立车库的任务分解练习

请将书倒过来查看答案。

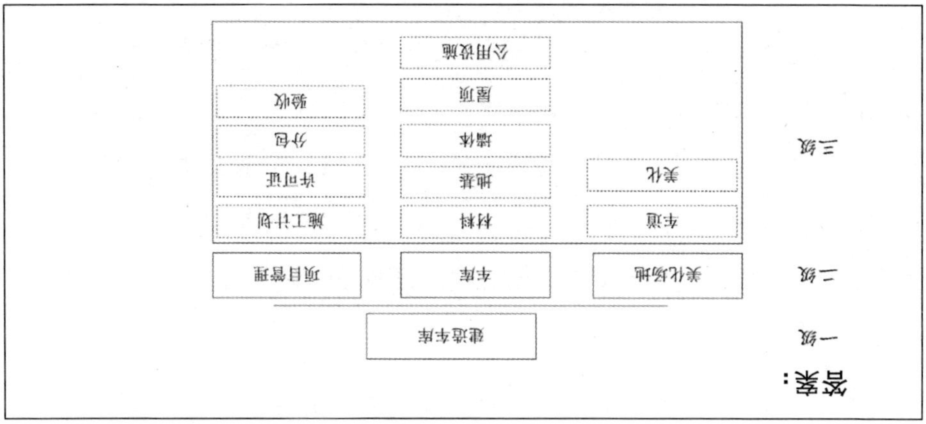

你回答得如何呢？如果全部正确，那么说明你已经掌握了将解决方案分解为任务的技巧；如果有错误，那么你可以多加实践，逐渐理解并掌握这个技巧。除了关注具体的工作，我们在推进任务的过程中，还需要关注制订任务计划的人，关注他是否有能力制订相关的任务计划。当然，以上案例依然可以继续分解到四级，直到每一个分解的任务都可以让一个人独立完成。

推进任务画布的应用工具

1. 主要工具

推进任务画布的研讨框架如图 11-5 所示，这是推进任务画布的主要工具。

推进任务

解决方案	计划步骤	结果衡量	完成日期	责任人	预算	监督人

图 11-5　推进任务画布的研讨框架

这个研讨框架使用甘特图（Gantt Chart）作为主要工具，对解决方案进行任务推进。表 11-1 所示为甘特图计划表示例。

表 11-1　甘特图计划表示例

解决方案	计划步骤	结果衡量	完成日期	责任人	预算	监督人
制定促进转化的标准	设计转化流程	一页纸手册	9.15	张三	无	赵钱
	对销售人员进行培训	考核通过	10.15	李四	无	赵钱

使用甘特图的前提是将解决方案进行任务分解。甘特图是在任务管理时使用的横条图（任务一览表），是一种可将工作计划或工作进度视觉化地呈现并与他人共享的方法。它除了用于个人单独工作时，更多的是用于成员间合作时，使“谁要在什么时候之前执行什么工作”变得更明确，并且使成员间彼此共享。

我们将思考后得出的具体解决方案填入甘特图中，并在甘特图中填入完成日期等项，便能将解决方案转化为可行的任务计划。具体而言，首先设定项目的目标和截止日，再倒推回去，梳理需要执行的计划步骤、完成日期与责任人。此外，我们还可以设置预算和相关的监督人，使该计划更为全面。

2. 其他工具

1）一页纸项目管理

图 11-6 所示为一页纸项目管理框架示例。

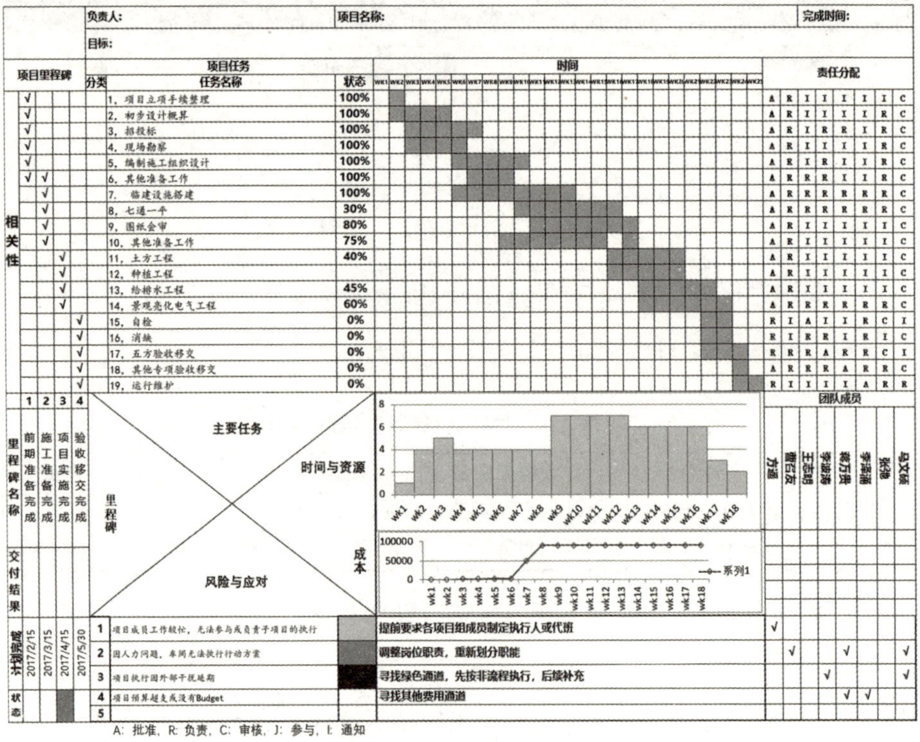

图 11-6　一页纸项目管理框架示例

一页纸项目管理，简称 OPPM。在《一页纸项目管理》（克拉克·坎贝尔等）一书中，强调了简化的必要性和可视化的力量，这也是绩效改进商业画布所追求的。该书使用一页纸项目管理工具，将项目管理的过程化繁为简，即“一图胜千言”。一页纸项目管理在经验丰富、有专业技能的职业项目经理与项目相关方之间建立了沟通的桥梁。

在比较复杂的绩效改进项目中，我们可以使用该工具进行解决方案的任务推进，因为它是一个将复杂项目可视化、清晰化的工具。

2）PERT 图

PERT 图（Program Evaluation and Review Technique），也称计划评审技术，是利用网络分析制订计划及对计划予以评价的技术。它能协调整个计划的各道工序，合理安排人力、物力、时间、资金，加速计划的完成。在计划的编制和分析手段上，PERT 图被广泛地使用，是制订和实施计划的一种不错的工具和方法。图 11-7 所示为 PERT 图示例。

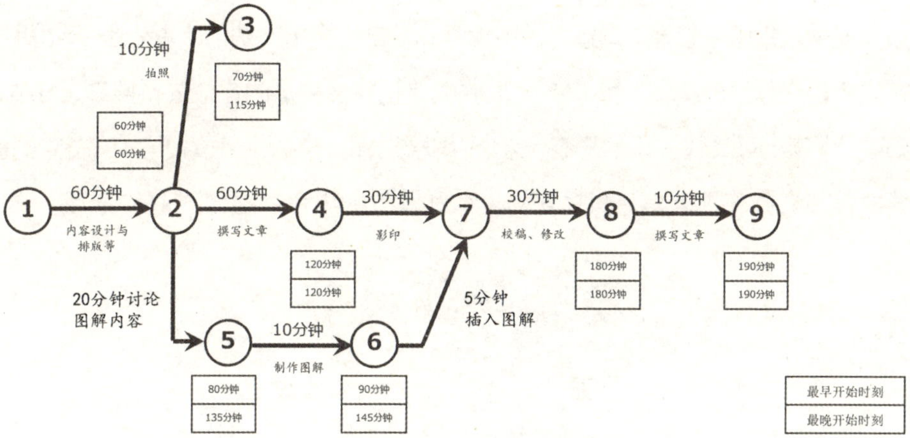

图 11-7　PERT 图示例

如图 11-7 所示，PERT 图是将任务流程与时间以图表的形式呈现，以此来制订任务计划的方法。许多解决方案都包含多种任务，有时一项任务延迟，就会拖慢整个项目的进度，PERT 图能同时将最短时间视觉化。

PERT 图可以用来管理项目的整体规划，甘特图则更多的是用来控制推进任务的进度。推进任务画布主要以甘特图为研讨框架进行解决方案的任务推进，其他工具在具体的场景中也可以结合一起使用。

推进任务画布的引导技巧

在真实的场景中，在使用推进任务画布制订详细的任务计划时，我遇到最多的情况是在任务分解阶段，先使用头脑风暴法对任务分解进行发散性的思考，再对分解后的任务进行归纳。这个阶段经常会花费大量的时间，结果却不尽如人意。如果解决方案比较复杂，任务分解的层级就会像本章开篇的大象案例一样“缺胳膊少腿”。这个时候，作为绩效改进顾问，我们需要及时介入，通过引导帮助团队进行收敛性的思考。

发散是指吸收信息，理解、拆解信息，再自由提出想法的步骤。这个阶段不需要太讲究想法的“质”和“量”。而收敛是指将发散后的想法进行整理、分类、归纳，琢磨出可具体应用的形态。这个阶段要求我们能从发散的想法中筛选出重要的信息，并将抽象信息具体化。发散和收敛的思考过程如图 11-8 所示。

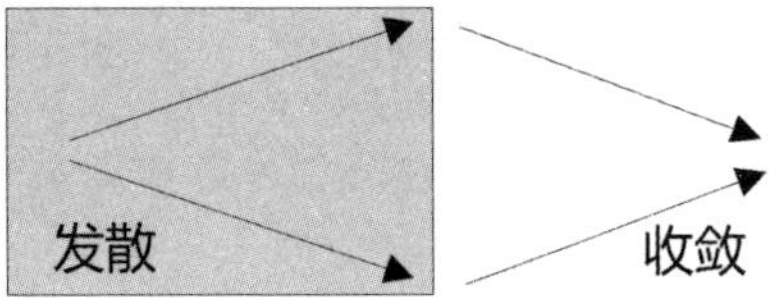

图 11-8　发散和收敛的思考过程

我们会不断重复发散和收敛的思考过程，直到得出有助于达成解决方案的细分结构。有关发散的工具头脑风暴法，我在第 8 章已经介绍过。在一些需要收敛的场合，我建议使用亲和图进行引导。

亲和图又称 KJ 法，是指将大量事实、意见或构思等语言或文字资料收集起来，并根据它们相互间的关系分类综合的一种方法。其创始人是东京工业大学教授川喜田二郎，该方法是全面质量管理的新七种工具之一。

在大多数情况下，如果业务专家在场，任务分解会比较顺利。通过推进任务画布的研讨框架，大家可以很快达成共识，从而将任务分解视觉化。但是当解决方案比较复杂，且参与人员陷入了相对混乱的时候，就可以使用亲和图引导大家进行梳理。

使用亲和图进行梳理花费的时间会相对较长，对时间要求紧迫的团队一般不太适用。亲和图包括四个引导步骤，如图 11-9 所示。

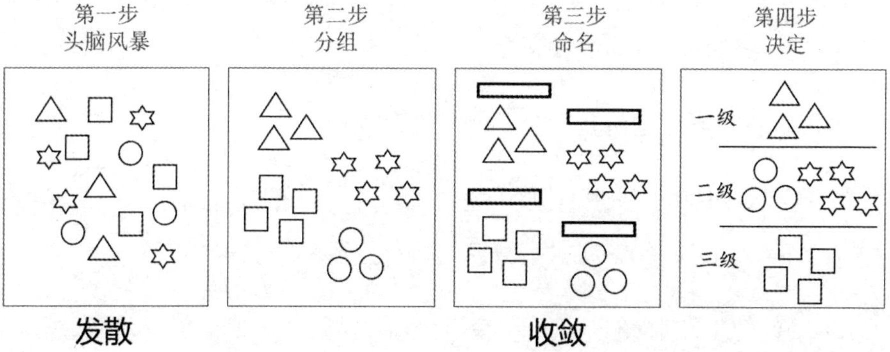

图 11-9　亲和图的引导步骤

第一步：头脑风暴，对解决方案的任务分解进行头脑风暴。这个阶段关注的是数量而非质量。

第二步：分组，将头脑风暴产出的细分的任务进行归类分组，分组的依据是每个细分的任务背后是否有相似的意图、行动、成就等。这个阶段可以凭直觉快速思考。分组的步骤扩展了每个人的视角，同时团队开始看到不同想法间的关联。

第三步：命名，将分组好的细分任务群进行命名，以帮助团队揭示系统化的逻辑或新的图景。这个阶段需要深入思考，而非凭直觉判断。在命名这一步中，团队通过讨论和决定每个群组的名称而达成共识。

第四步：决定，将细分的任务根据命名的逻辑结构化。这个阶段可以形成 WBS 的细分结构，通过百分之百原则和 MECE 原则判断最终任务的完整性。

回顾本章

接下来用一些简单的回顾性题目结束这一章的内容。请从每一项后面的括号中选出最适合这句话的词语。

（1）解决方案（□就是 / □不是）推进任务。

（2）我们可以借鉴项目管理中有关（□头脑风暴法 / □亲和图 / □WBS）的技巧，把我们确定的解决方案分解成较小且更易于管理的任务。

（3）MECE 原则指的是（□“完全分解” / □“没有遗漏，没有重复”）。

（4）推进任务画布的研讨框架使用（□甘特图 / □PERT 图）作为主要工具，对解决方案进行任务推进。

（5）使用亲和图引导团队进行任务分解，（□适合 / □不适合）所有的场合。

1. 答案

请将书倒过来查看答案。

答案：

（1）不是

（2）WBS

（3）“没有遗漏，没有重复”

（4）甘特图

（5）不适合

2. 解释

（1）解决方案不是推进任务。解决方案实际上是工作目标，它依然是一项方向性的工作。为了推进解决方案，我们需要将解决方案进一步细化和分解。

（2）我们可以借鉴项目管理中有关 WBS 的技巧，把我们确定的解决方案分解成较小且更易于管理的任务。WBS 是项目管理中重要的专业术语之一。它归纳和定义了项目的整个工作范围，每下降一层代表对项目工作定义得更详细。在项目管理中，WBS 总是处于计划过程的中心，是制订进度计划、资源需求计划、成本预算计划、风险管理计划等的重要基础。WBS 也是控制项目变革的重要基础。项目范围是由 WBS 定义的，所以 WBS 也是项目变革的综合工具。

（3）MECE 原则指的是“没有遗漏，没有重复”。它不仅适用于对解决方案进行任务分解的过程，事实上，在我们分析问题、创建假设、证明假设的每一步路上，都贯穿着 MECE 原则。结构化思维的本质就是逻辑，结构化思维的作用在于帮助我们厘清思路，而不是否认事物之间的相互联系。

（4）推进任务画布的研讨框架使用甘特图作为主要工具，对解决方案进行任务推进。甘特图是在任务管理时使用的横条图（任务一览表），是一种可将工作计划或工作进度视觉化地呈现并与他人共享的方法。它除了用于个人单独工作时，更多的是用于成员间合作时，使“谁要在什么时候之前执行什么工作”变得更明确，并且使成员间彼此共享。

（5）使用亲和图引导团队进行任务分解，不适合所有的场合。在大多数情况下，如果业务专家在场，任务分解会比较顺利。通过推进任务画布的研讨框架，大家可以很快达成共识，从而将任务分解视觉化。但是当解决方案比较复杂，且参与人员陷入了相对混乱的时候，就可以使用亲和图引导大家进行梳理。

第6篇

尾声

吾生也有涯，而知也无涯。

——庄子

第 12 章　一个使用绩效改进商业画布的真实案例

案例背景

1. 主题

降低员工流失率。

2. 基本情况

国内某上市教育集团子公司，以在线教育、名师面授为特色，聚焦于为中高考学生提供优质课程服务。该公司已累计为 5 万多名学生提供了辅导服务，为众多学生及家长提供了学科学习方法指导、中高考政策咨询、个性化学习方法规划等服务。

3. 关键业务问题

当年 5 月，该公司发现其员工流动特别频繁，特别是第一季度，员工流失率为 39%，而竞争对手同期只有 20%。根据以往的数据，第二季度也不容乐观，这会给接下来暑假班（每年的 6—8 月）的业务目标达成带来很大的挑战。对一家课外辅导培训机构来说，暑假业务是非常重要的业务，这将直接关系到该公司年底的业务目标能否达成。所以，在暑假班开始之前控制内部员工的流失，将对业务目标的达成产生积极的影响，这也是目前该公司亟待解决的问题。因此，我们建立了伙伴关系，使用绩效改进商业画布进行了为期两天的工作坊，并在结束后建立了项目小组推进工作。

使用绩效改进商业画布分析

1. 确定目标

确定目标包括两个子画布：确定目标和确定课题。

1）使用确定目标画布，确定目标

在使用确定目标画布研讨后，我们一致认为，如果不尽快采取行动，员工流失率过高会影响到暑假班的业务目标达成。因此，我们最终将该项目重新进行了定义（见图 12-1）。

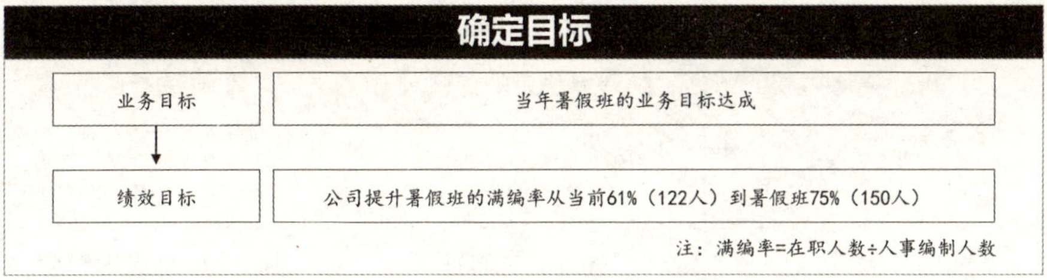

图 12-1　使用确定目标画布，确定目标

本项目是一个绩效目标课题，因此我们必须分析业务目标和绩效目标的关系，即它们之间是否保持一致性。通过确定目标画布的展示，我们认为提高暑假班的满编率可以很好地促进公司暑假班的业务目标达成。只有保持较低的员工流失率，才能保证暑假班的正常运行，从而保障当年的业务目标达

成。另外，在呈现目标时，还需要写清楚目标的绝对值，以保证这个研讨的目标是有意义的。在确定了绩效目标后，我们发现最终确定的目标只有一个，也就意味着不需要对确定的目标再进行课题筛选即可确定课题。

2）使用确定课题画布，确定课题

在使用确定课题画布研讨后，最终确定了课题（见图 12-2）。

确定课题

公司提升暑假班的满编率从当前61%（122人）到暑假班75%（150人）

注：满编率=在职人数÷人事编制人数

图 12-2　使用确定课题画布，确定课题

在确定了符合 SMART 原则的量化课题后，还需要使用“6W2H”引导工具对课题进行最终的定性描述，以保证项目小组每一个成员清晰地理解课题，为后续的分析奠定基础（见图 12-3）。

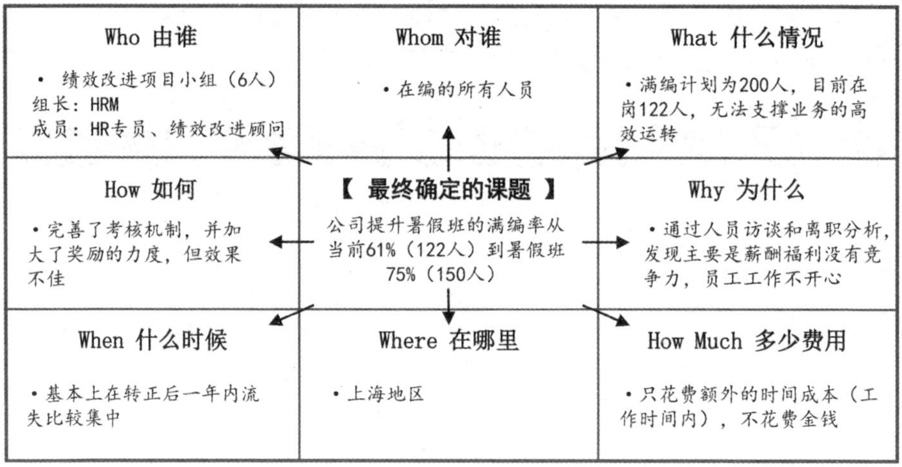

图 12-3　使用“6W2H”引导工具描述确定的课题

从图 12-3 的分析中可以看出，项目小组使用“6W2H”引导工具最终将绩效改进的范围进行了进一步的明确。

（1）最终确定的课题：公司提升暑假班的满编率从当前 61%（122 人）到暑假班 75%（150 人）。

（2）Who（由谁）：由绩效改进项目小组来完成。成立了以 HRM 为组长、以 HR 专员和绩效改进顾问为成员的 6 人项目小组，定期开展分析和协调工作。必要时，还会邀请业务专家一起研讨，以使制订的解决方案更为有效。

（3）Whom（对谁）：针对公司在编的所有人员。

（4）What（什么情况）：整体情况是满编计划为 200 人，目前在岗 122 人，无法支撑业务的高效运转，因此迫切需要解决这个问题。

（5）How（如何）：目前已经采取了一些措施，如完善了考核机制，并加大了奖励的力度，但效果不佳。员工普遍感到压力大，不知道真正的问题出在哪里，需要进一步的分析。

（6）Why（为什么）：造成目前情况的原因有很多，通过人员访谈和离职分析，发现主要是薪酬福利没有竞争力，员工工作不开心。

（7）When（什么时候）：基本上在转正后一年内流失比较集中。

（8）Where（在哪里）：上海地区。

（9）How Much（多少费用）：大原则是在不增加资源的情况下推动该项目的实施，首先只花费额外的时间成本（工作时间内），不花费金钱。如果解决方案中有必要费用，也会申请增加额外预算，但以最优性价比为原则。

通过对课题的定性描述，最终我们对确定的课题有了一致且清晰的理解。接下来，就需要根据确定的课题来分析现状了。

2. 分析现状

分析现状包括两个子画布：分析现状和确定差距。

1）使用分析现状画布，进行差距分析

关键差距分析（这里的“关键差距分析”指代“差距分析”）的过程一共经历了 3 轮。开始时我们找的方向不对，没有发现特别明显的关键差距，中间还遇到部分数据不完整的情况。于是，我们以经验为数据依据，然后搜集相关的数据，来验证凭经验分析出的数据是否真实。经过这几轮的分析，我们最终确定了关键差距分析的框架（见图 12-4）。

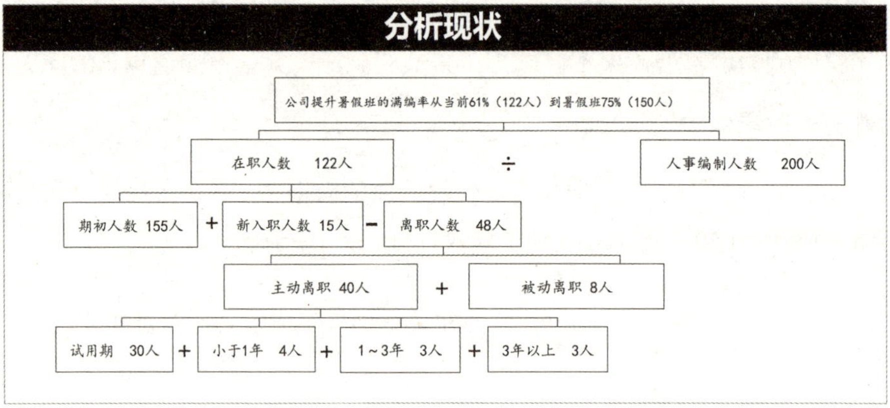

图 12-4 使用分析现状画布，进行差距分析

从分析的结果来看，关键差距分析的假设是“本课题的关键差距是试用期主动离职员工（公司的试用期为 4 个月，签订 3 年的劳动合同）”。如果把试用期主动离职员工的人数降低到 2 人，其他人数不变，那么主动离职的人数将会下降到 12 人（2+4+3+3），即使被动离职的人数不变，依然是 8 人，总体离职人数将降低到 20 人。如果期初人数和新入职人数不变，在职人数将达到 150 人，刚好达到 75%的目标；如果在这个阶段再招聘一些新人，甚至可以超过既定目标。接下来，就是使用确定差距画布对假设的绩效杠杆（关键

差距）进行确定。

2）使用确定差距画布，描述绩效杠杆

大家使用确定差距画布，对假设的绩效杠杆进行了具体的描述（见图 12-5）。

确定差距

课　题	公司提升暑假班的满编率从当前61%（122人）到暑假班75%（150人）		
关键差距	试用期主动离职员工		
差　距	现状指标	30人	20 ~ 30人
	应有水平	10人	
	合理水平	0人	
数据来源	人事数据月报；竞品数据		

图 12-5　使用确定差距画布，描述绩效杠杆

通过确定差距画布，我们明确了绩效杠杆：试用期主动离职员工。应有水平是某部门主动离职的试用期员工控制在 10 人左右，而合理水平是 0 人，目前的差距为 20 ~ 30 人。找到了绩效杠杆，接下来就是分析这个人群离职的真实原因和根本原因了。

3．分析原因

分析原因包括两个子画布：分析原因和确定根因。

1）使用分析原因画布，查找真正原因

在分析原因之前，为了保证数据的有效性，我让大家搜集了如下一些数据。

（1）对试用期主动离职员工及其直属上级进行离职分析问卷调研（线上匿名方式）。这种方式可以使分析的角度更加多元和全面，从而增强数据的可信度。

（2）对试用期主动离职员工，100%采用一对一离职访谈的方式，了解在调研中可能遗漏的其他关键的信息，以帮助我们更好地分析原因。同时，为了加强信息的真实性，针对部分离职员工在一个月后随机再做一次离职访谈追踪，以确保信息可信。

（3）对试用期主动离职员工的直属上级进行一对一访谈，从而全面地了解员工离职的原因。

（4）使用观察法，搜集其他事实，为分析原因提供数据基础和支持。

（5）分析人事数据月报，包括内部“明星”事业部和同行标杆企业的数据，以确保信息来源的可靠性，同时保证整体评估的可衡量性。

搜集完数据之后，使用分析原因画布对前期搜集的试用期员工的离职原因进行反馈，再通过头脑风暴法和 BEM 分析，最终整理出 8 个原因（见图 12-6）。

分析原因

层级	原因描述
第一层	1. 我们提供给试用期员工具有竞争力的薪酬福利体系不够有效 2. 我们没有清晰的招聘人员标准 3. 我们没有建立跨部门沟通的协调机制
第二层	4. 我们没有应对试用期员工因家庭原因离职的有效方法 5. 我们没有应对试用期员工离公司较远的有效方法 6. 我们没有清晰的试用期员工的带教流程 7. 我们没有应对试用期员工因身体原因离职的有效方法 8. 我们没有应对特殊岗位工作时间与国家法定工作时间不一致的有效方法

图 12-6　使用分析原因画布，查找真正原因

通过分析原因我们发现，如果针对这 8 个原因设计解决方案，将会产生非常多的方案，这不符合最优性价比原则。因此，我们还需要进一步分析根本原因，从而更有针对性地设计解决方案。

2）使用确定根因画布，确定根本原因

通过使用确定根因画布中的金字塔结构根因分析的结构化框架，我们将确定的 8 个原因进行配对比较，得出结果的那一刻，我们一致产生了“啊哈”的感觉。最终，我们产出了确定根因画布（见图 12-7）。

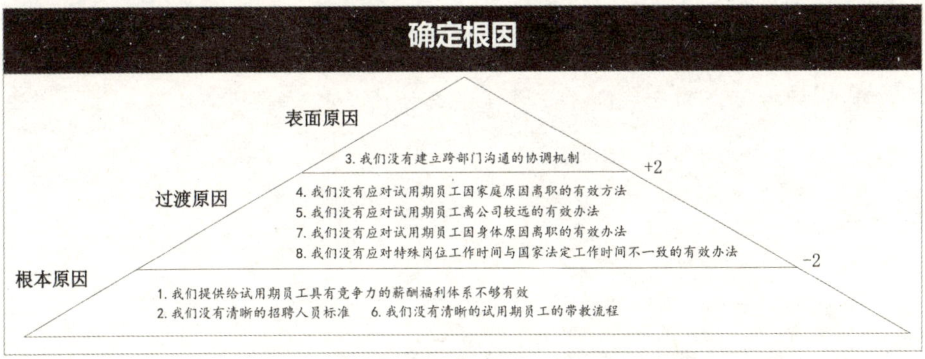

图 12-7　使用确定根因画布，确定根本原因

经过分析，我们最终总结出关键差距产生的表面原因和根本原因（见表 12-1）。

表 12-1　根本原因分析表

关键差距	试用期主动离职员工
差距区间	20～30 人
表面原因	我们没有建立跨部门沟通的协调机制
根本原因	我们提供给试用期员工具有竞争力的薪酬福利体系不够有效 我们没有清晰的招聘人员标准 我们没有清晰的试用期员工的带教流程

之后，我们针对关键差距产生的表面原因和根本原因分别进行了分析。尽管确定表面原因并找到解决方案“治标不治本”，但可以快速见效，让高层看到变化，从而加大对解决方案的支持力度；尽管确定根本原因并找到解决方案“治标也治本”，但需要耗费一定的时间和资源，还需要考虑解决方案的优先级。接下来，我们将使用确定方案画布制订相应的解决方案，并制订详

细的工作推进计划。

4. 确定方案

确定方案包括两个子画布：确定方案和推进任务。

1）使用确定方案画布，确定解决方案

我们根据确定方案的四个步骤（选择措施、筛选最优、关注人群、稳步推进），一步一步地分析和落地。

第一步，选择措施。

根据原因分析，我们进行了头脑风暴，最终形成了如下的解决方案，并使用可行方案陈述表进行详细的阐述（见表 12-2）。

表 12-2 可行方案陈述表

原　　因	解决方案	具体描述
我们没有建立跨部门沟通的协调机制	建立跨部门沟通的协调机制	避免指令不一，使员工思路混乱
	修订绩效考核管理办法	避免出现不执行或不公平的情况
我们提供给试用期员工具有竞争力的薪酬福利体系不够有效	在不增加成本的前提下，寻找更为有效的试用期员工的薪酬福利体系	主要提高试用期员工的薪酬，这个阶段的薪酬较低
我们没有清晰的招聘人员标准	制定人才招聘画像，精准招聘	从入口找对人，再留住人
	完善招聘流程	增加新人的入职体验
我们没有清晰的试用期员工的带教流程	制定清晰的试用期员工的带教流程	从工作和情感两个方面入手
	建立导师带教监督和奖励机制	使执行带教更为有效

经过分析，要在暑假班之前完成以上解决方案，需要耗费不少的精力，因此我们还需要通过筛选最优，来进一步优选解决方案。

第二步，筛选最优。

我们使用必要性、经济性、可行性和接受度这四个评价维度进行评价，选出最优的解决方案。

在此过程中，我们再次对解决方案优选矩阵的打分标准进行确认：4 分=可以采用，不会有问题；3 分=可以尝试，应该问题不大；2 分=不算很好，可能比较艰难；1 分=难度很大，尽量别选；0 分=毫无疑问，无法操作。最后，我们使用确定方案画布的研讨框架，对解决方案优选矩阵进行分析（见图 12-8）。

确定方案

可能的解决方案	甄选标准（分）				加总（分）	名次
	必要性（×3）	经济性（×3）	可行性（×3）	接受度（×1）		
建立跨部门沟通的协调机制	4	4	4	3	39	2
修订绩效考核管理办法	4	4	2	0	30	
在不增加成本的前提下，寻找更为有效的试用期员工的薪酬福利体系	4	2	4	4	34	5
制定人才招聘画像，精准招聘	4	3	4	3	36	3
完善招聘流程	4	4	4	3	39	2
制定清晰的试用期员工的带教流程	4	4	4	4	40	1
建立导师带教监督和奖励机制	4	4	3	2	35	4

图 12-8　使用确定方案画布，确定解决方案

从图 12-8 中可以看出，在可能的解决方案中，“修订绩效考核管理办法”中有一个 0 分，即无法操作，所以这个解决方案被排除。其他解决方案根据名次排序展示优先解决的顺序，整理如下。

（1）制定清晰的试用期员工的带教流程。

（2）建立跨部门沟通的协调机制。

（3）完善招聘流程。

（4）制定人才招聘画像，精准招聘。

（5）建立导师带教监督和奖励机制。

（6）在不增加成本的前提下，寻找更为有效的试用期员工的薪酬福利体系。

通过整理，我们对接下来的工作充满期待。在制订详细的工作计划之前，我们还需要关注涉及解决方案的人群，考虑推进过程中可能遇到的阻力，并有针对性地予以解决。

第三步，关注人群。

对于涉及执行层面的员工的直属上级，我们制订了详细的沟通计划，充分运用积极聆听的技巧，识别不同的抗拒层级及大家的关注点，有针对性地予以解决。在6个解决方案中，遇到最大阻力的是“在不增加成本的前提下，寻找更为有效的试用期员工的薪酬福利体系”，这需要与公司总经理进行确定。为了更好地说服总经理，我们首先计算出成功招聘一名新员工的成本大概为1300元，如果试用期员工流失再招聘，不仅对业务目标的达成有影响，还会增加重新招聘的成本。因此，如果把这部分成本作为新员工的稳定基金，即新人津贴，在不增加其他资源的前提下，这个新的解决方案通过的可能性会更大。经过多方努力，特别是用这些分析数据得到了总经理的支持，我们进行了新的尝试：增加新员工试用期期间的新人津贴每人每月1300元，这部分新人津贴不计入新员工的基本工资内，转正后即不再享有（一般来说，转正后的员工因为业绩比较稳定，收入普遍提高很快）。而这部分新人津贴从招聘预算中支出，所以也没有增加成本。因此，这个新的解决方案得到了总经理的支持，可以继续推进。

第四步，稳步推进。

对于我们制订的解决方案，大家群策群力，使用推进任务画布制定了详细的甘特图计划表，并推进实施。

2）使用推进任务画布，有序推进（见图 12-9）

推进任务

解决方案	计划步骤	结果衡量	完成日期	责任人	预算	监督人
建立导师带教监督和奖励机制	设计导师带教SOP文件	标准手册	5.15	曹丕	无	章怡
	内部发文通知，并对标准进行培训	考核通过	5.20	吴迪	无	章怡
建立跨部门沟通的协调机制	建立跨部门沟通的协调机制	制度文件	5.25	王平	无	章怡
	完善OA系统流程	系统上线	5.31	张海	无	章怡
	内部发文通知，并培训	考核通过	6.1	吴迪	无	章怡
新人津贴	修订试用期薪酬管理办法	制度文件	5.28	曹丕	无	章怡
	内部发文通知	发送标识	6.1	吴迪	无	章怡
……	……	……	……	……	……	……

图 12-9　使用推进任务画布，有序推进（部分）

在此过程中，我们也遇到一些计划延期的情况，但由于项目小组建立了协调机制，可以让我们不断通过协调会议（线上+线下）进行解决。另外，除了新人津贴，导师带教制度极大地提高了试用期员工的积极性，成为这个项目成功的关键点之一。通过不断复盘和迭代，我们将带教 SOP 文件细化为如下两个文件。

（1）《新员工入职指引手册》。目的和作用：新员工在入职第一天，对公司的基本情况、组织架构、楼层布局（各办公室位置、卫生间）、常用设备（饮水机、复印机、微波炉等）的位置及相关制度等有初步了解（同时，在新员工办完入职手续后，老员工带领新员工参观事业部）。该手册新员工自留，不回收。

（2）《黄金 1 小时 1 天 1 周 1 月制度规范》。目的和作用：介绍导师和被带教人的定位，从制度层面规定导师带教制度的操作流程、介绍话术，以及如何使用配套的手册。

通过这些措施，我们取得了很多意想不到的成果，最终完成了课题确定的目标。

5. 最终成果

当年 9 月，项目小组对暑假班相关数据进行分析，实现了如下有价值的结果。

（1）课题：公司提升暑假班的满编率从当前 61%（122 人）到暑假班 75%（150 人）。最终的结果是从当前 61%（122 人）提升到暑假班 89%（178 人），超过了原定的课题目标。

（2）暑假班员工试用期流失率降低为 0，而整体主动离职人数降低到 3 人。

（3）暑假班的业绩同比提升了 120%，比原定目标提升了 10%。

（4）对整体项目进行了复盘和经验萃取，开发了“导师罗盘”课程，并申请了版权登记，形成了公司内部可持续的传承项目。

回顾本章

接下来用一些简单的回顾性题目结束这一章的内容。请注意，以下题目涉及全书的内容，并不一定都是本章的内容。请从每一项后面的括号中选出最适合这句话的词语。

（1）绩效改进商业画布一共有（□4 / □6 / □8 / □10）个子画布。

（2）绩效改进项目中的目标有三个层级，如果是绩效目标相关课题，必须分析（□业务目标 / □工作目标）和绩效目标的关系，即它们之间是否保持一致性，而（□业务目标 / □工作目标）的实质是解决方案。

（3）分析现状画布的研讨框架使用（□关键差距分析 / □关键差距整理

表）作为主要工具。

（4）在本案例中，我们可以发现一个规律，往往关键差距产生的根本原因在（□第一层或第二层 / □第二层或第三层 / □第四层或第五层），因为（□“人是最大的根源” / □“分析下一层的原因解决不了上一层的问题”）。

（5）确定方案的第三个步骤是（□稳步推进 / □关注人群 / □筛选最优 / □选择措施）。

1. 答案

请将书倒过来查看答案。

答案：

（1）8

（2）业务目标，工作目标

（3）关键差距分析

（4）第一层或第二层，“分析下一层的原因解决不了上一层的问题”

（5）关注人群

2. 解释

（1）绩效改进商业画布一共有 8 个子画布。确定目标阶段包括确定目标画布和确定课题画布；分析现状阶段包括分析现状画布和确定差距画布；分析原因阶段包括分析原因画布和确定根因画布；确定方案阶段包括确定方案画布和推进任务画布。这 8 个子画布是一个整体，通过运用这 8 个子画布，我们可以视觉化地分析和解决问题。最重要的是，不同的小组可以研讨不同的课题，从而做到时间折叠，提高组织效能。

（2）绩效改进项目中的目标有三个层级，如果是绩效目标相关课题，必须分析业务目标和绩效目标的关系，即它们之间是否保持一致性，而工作目标的实质是解决方案。业务目标是基于组织的愿景、使命和战略而形成的结果性目标；绩效目标是基于业务目标而形成的过程性目标；工作目标是基于关键差距的根因而形成的动作性目标，其实质是解决方案。

（3）分析现状画布的研讨框架使用关键差距分析作为主要工具，这是一种量化分析。确定差距画布的研讨框架使用关键差距整理表作为主要工具，这是一种定性描述。

（4）在本案例中，我们可以发现一个规律，往往关键差距产生的根本原因在第一层或第二层，因为“分析下一层的原因解决不了上一层的问题”。这也不是绝对的，只能体现一种趋势。我一直都认为人才是最大的资本，但我们在解决问题时，先不要考虑个人因素，而是先在组织因素上下功夫。组织因素的“修理”离不开个人因素，这是人进行计划、实施、复盘和再行动的过程。

（5）确定方案的第三个步骤是关注人群，其他步骤按照时间顺序为选择措施、筛选最优和稳步推进。

后 记

写完本书，我如释重负，又怅然若失。

如释重负，是因为这一年来，特别是在完成本书前的 3 个月，我整个人都处于“痴痴呆呆”的状态，没有心思关注任何与写书无关的事情，丢三落四成了家常便饭。我曾把水壶烧干了很多次而不自知，也曾把家里的厨房弄出大量浓烟，直到居委会敲门而入，我才意识到家里着火了。这样的状态直到写到此处，才得以改变。此时此刻，我的内心是轻松的，也是如释重负的。写作就像孕育生命，过程容不得一点儿马虎，我对它充满敬意。终于，我可以回到正常的状态，好好地吃一顿饭、品一杯茶，与爱人聊聊天，与友人聚聚会。如果你不爱一个人，就建议他写书吧，让他好好体会这个过程的酸爽程度；如果你爱一个人，也建议他写书吧，这个过程是对自己以往知识体系和实践经验的梳理，收获程度往往超出想象。

怅然若失，是因为总想追求完美而不得。在写作的过程中，我总想追求完美，却最终不得不接受缺憾。回顾前言部分，我希望通过本书给读者带来这三个方向。

1. 简单易懂

本书既可以作为初学绩效改进从业者的理论学习材料和工具书，也可以作为资深绩效改进从业者的工作指南。不仅从事与人力资源相关工作的人士和职业培训师可以学习和使用本书，公司的管理者（特别是高层管理者）和业务专家，也可以从本书中收获知识、工具和方法。

2．视觉化表达

如果能用一页纸结构化地呈现某件事情，将会极大地提高研讨的效果。我希望带给读者一段视觉化的旅程。通过阅读本书，读者既可以使用一张画布系统地呈现绩效改进问题、视觉化地解决绩效改进问题，又可以视觉化地发现机会或预防潜在问题。

3．高效产出

高效产出包括三个角度：一是缩短研讨时间，做到高效研讨；二是更容易在内部达成共识，有效推动解决方案的落地；三是研讨的问题本身就是真实的业务或效率问题，在高质量的研讨和高度认同的前提下，解决真实的问题。

以上这三个方向，亲爱的读者朋友们，你们觉得我做到了吗？我个人觉得还有很多遗憾，这与我个人能力的局限性有关。但这将会成为我更大的动力，让我不断成长，我会在今后的道路上，“读万卷书”，更要“行万里路”。

最后，我还想感谢一些人，他们在我写作的过程中，给予我非常多的支持和鼓励。首先，要感谢我的家人，是你们的宽容和爱，让我专注于写书。其次，要感谢电子工业出版社的晋晶老师，她的专业和职业操守让我敬佩。然后，还要感谢中国培训经理人俱乐部华东总会会长孙福波先生、上海耘舍咨询创始合伙人董战楠先生、昂立智立方总经理汪芸女士，感谢你们在我写作的过程中给予我的无私支持和鼓励。最后，更要感谢在我写作的过程中给我提出建议的伙伴们，他们是尚更新、张友琴、周洁、宁佳玮、陈浩、李思儒、黄斐悦、殷哲、赵颉、汪浩怡、杜镇宇、梅小林、朱鹏和殷伟龙。

最后的最后，我想说，没有人是无所不知的，知识带给我们的，是不害怕未知。我们一起加油！

参考文献

[1] 帕特里夏·普利亚姆·菲利普斯，杰克·菲利普斯．学习的商业逻辑：用设计思维驱动非凡商业价值[M]．易虹，付庆波，王志刚，译．北京：电子工业出版社，2019．

[2] 史蒂芬·柯维．高效能人士的七个习惯[M]．顾淑馨，常青，译．北京：中国青年出版社，2018．

[3] Thomas F. Gilbert. Human Competence: Engineering Worthy Performance[M]. Washington, D.C.: ISPI, 1978.

[4] 达琳·提姆，詹姆斯·莫斯利，琼·迪辛格．绩效改进基础：人员、流程和组织的优化[M]．3 版．易虹，姚苏阳，译．北京：中信出版社，2013．

[5] 瑞·达利欧．原则[M]．刘波，綦相，译．北京：中信出版社，2018．

[6] 哈罗德·斯托洛维奇，艾丽卡·吉普斯．从培训专家到绩效顾问[M]．杨震，颜磊，谷明樾，译．南京：江苏人民出版社，2014．

[7] 达纳·盖恩斯·罗宾逊，詹姆斯·C．罗宾逊．绩效咨询：人力资源和培训管理[M]．田力，译．北京：清华大学出版社，2011．

[8] 朱迪·赫尔．绩效改进咨询实务手册[M]．2 版．易虹，王寰，译．北京：中信出版社，2014．

[9] 吉尔里·拉姆勒．流程圣经[M]．3 版．王翔，杜颖，译．北京：东方出版社，2014．

[10]莫皓．RAISE：绩效改进五步法[M]．北京：清华大学出版社，2015．
[11]威廉·罗思韦尔，卡罗琳·霍恩，斯蒂芬·金．员工绩效改进[M]．杨静，肖映，译．北京：北京大学出版社，2007．
[12]国际绩效改进协会．ISPI 绩效改进指南[M]．南京：江苏人民出版社出版，2017．
[13]克拉克·坎贝尔，米克·坎贝尔．一页纸项目管理[M]．王磊，胡丽英，译．北京：东方出版社，2018．
[14]科丽·科歌昂，叙泽特·布莱克莫尔，詹姆士·伍德．项目管理精华：给非职业项目经理人的项目管理书[M]．北京：中国青年出版社，2016．
[15]威廉·罗思韦尔．超越培训，凭绩效说话[M]．乔学军，李龙乔，宋霆，译．厦门：鹭江出版社，2015．
[16]贝弗利·斯科特．内部顾问：实践经验实用指南[M]．2 版．北京：电子工业出版社，2014．
[17]易虹．技控革命[M]．北京：电子工业出版社，2017．
[18]唐秋勇．HR 的未来简史：洞悉人力资源管理未来发展启示录[M]．北京：电子工业出版社，2017．
[19]理查德·斯旺森．绩效分析与改进[M]．孙仪，杨生斌，译．王国庆，审校．北京：中国人民大学出版社，2010．
[20]里克·莫瑞儿．遇墙皆是门：超越变革的阻力[M]．王雷，译．北京：清华大学出版，2018．
[21]日本 BSR 大数据科学研究会．数据化决策：数据分析与高效经营[M]．岳冲，译．北京：人民邮电出版社，2018．
[22]史蒂芬·柯维，丽贝卡·梅丽尔．信任的速度[M]．王新鸿，译．北京：中国青年出版社，2011．
[23]张美恩，琳达·霍尔比奇．组织发展[M]．夏钰娇，译．杭州：浙江人民

出版社，2017．

[24]罗杰·爱迪生，卡罗·海格，林恩·卡尼．绩效构建[M]．易虹，付庆波，熊洁，译．北京：电子工业出版社，2018．

[25]奇普·希思，丹·希思．行为设计学：零成本改变[M]．姜奕晖，译．北京：中信出版社，2018．

[26]美国项目管理协会．项目管理知识体系指南[M]．北京：电子工业出版社，2018．

[27]克里斯·麦克切斯尼，肖恩·柯维，吉姆·霍林．高效能人士的执行 4 原则[M]．张尧然，杨颖玥，译．北京：中国青年出版社，2013．

[28]帕特里克·兰西奥尼．示人以真[M]．刘向东，刘慧侬，译．北京：电子工业出版社，2019．

[29]伊查克·爱迪思．企业生命周期[M]．王玥，译．北京：中国人民大学出版社，2017．

[30]黄成明．数据化管理：洞悉零售及电子商务运营[M]．北京：电子工业出版社，2014．

[31]汉斯·罗斯林，欧拉·罗斯林，安娜·罗斯林·罗朗德．事实[M]．张征，译．上海：文汇出版社，2019．

[32]阿图·葛文德．清单革命[M]．王佳艺，译．北京：北京联合出版公司，2017．

[33]英格里德·本斯．引导：团队群策群力的实践指南[M]．4 版．任伟，译．北京：电子工业出版社，2019．

[34]近藤哲朗．商业模式 2.0 图鉴[M]．北京：中国青年出版社，2015．

[35]王志刚．换种教法[M]．北京：电子工业出版社，2020．

举报电话：（010）88254396；（010）88258888
传　　真：（010）88254397
E-mail：dbqq@phei.com.cn
通信地址：北京市万寿路173信箱
　　　　　电子工业出版社总编办公室
邮　　编：100036